SOCIAL MEDIOS DE COMUNICACIÓN MARKETING

Guía para un negocio profesional

Nundes Orosil

Sommario

- INTRODUCCIÓN
- CAPÍTULO 01 - MARKETING EN REDES SOCIALES - VISIÓN GENERAL
- CAPÍTULO 02 - 8 RAZONES POR LAS QUE EL MARKETING SM ES ESENCIAL
- CAPÍTULO 03 - GESTIONAR LA CAMPAÑA DE MARKETING DE SM EN FUNCIÓN DE TU NEGOCIO ONLINE
- CAPÍTULO 04 - LA FORMA CLÁSICA DE HACER MARKETING EN REDES SOCIALES Y POR QUÉ ES UN
- PÉRDIDA DE TU TIEMPO
- CAPÍTULO 05 - PASOS PARA UN MARKETING SM MODERNO MÁS RÁPIDO Y SENCILLO
- CAPÍTULO 06 - LA INVESTIGACIÓN DE NICHOS Y LA ORIENTACIÓN CORRECTA
- CAPÍTULO 07 - TU ARMA SECRETA DE MARKETING EN REDES SOCIALES: LA CURACIÓN DE CONTENIDOS
- CAPÍTULO 08 - INGENIERÍA INVERSA DE LOS MEJORES CONTENIDOS DE TUS COMPETIDORES
- CAPÍTULO 09 - AFINAR EL CONTENIDO DE TU CARGA ÚTIL
- CAPÍTULO 10 - COMERCIALIZA BIEN TU LISTA
- CAPÍTULO 11 - DESBLOQUEA EL PODER DEL CONTENIDO REUTILIZADO
- CAPÍTULO 12 - UTILIZAR LA COMPARTICIÓN AUTOMÁTICA DE CONTENIDOS
- CAPÍTULO 13 - AMPLÍA TU SEGMENTACIÓN
- CAPÍTULO 14: VENDE A TU LISTA DE FORMA DIFERENTE
- CAPÍTULO 15 - REINVIERTE TUS BENEFICIOS DE LA FORMA CORRECTA
- CONCLUSIÓN

Introducción

Muchos vendedores tienen todo tipo de ideas equivocadas sobre el marketing en redes sociales. Algunos piensan que basta con publicar "contenido viral" para conseguir toneladas de tráfico de la noche a la mañana. En realidad creen que si eres capaz de bombear tanto tráfico a tu objetivo
web, una gran parte de esas personas comprará lo que sea que estés vendiendo.

Puede que vendas servicios, puede que vendas un evento, o puede que vendas productos de una tienda online, no importa. Según esta idea, sólo necesitas tener mucho tráfico, cortesía del contenido viral en las redes sociales, y obtendrás las conversiones que buscas.

Existe la suposición de que el tráfico social, independientemente de la plataforma de la que proceda e independientemente de cómo califiques ese tráfico, se convierte fácilmente en ventas. Lamentablemente, ninguna de estas suposiciones es cierta. De hecho, todas ellas son trágicamente erróneas.

Si crees en alguna de ellas, no te sorprendas si inviertes mucho tiempo, esfuerzo y dinero sólo para acabar con un montón de nada. Bienvenido al club.

El marketing eficaz en las redes sociales puede reducirse a una metáfora. Domina esta metáfora y probablemente ganarás dinero en piloto automático con el tráfico de las redes sociales. Echa a perder esta metáfora o sigue sin tener ni idea de ella, y seguirás luchando; seguirás creyendo que el tráfico de las redes sociales puede generarse fácilmente mediante contenido viral. Puede que sigas corriendo tras ese unicornio sólo para cansarte y frustrarte.

No tiene por qué ser así. Sólo tienes que tener la metáfora o el modelo conceptual adecuados para que el marketing en redes sociales funcione para ti. Lo mejor de todo es que puedes hacer que funcione en piloto automático.

Probablemente hayas oído hablar de todo tipo de sistemas de "configúralo y olvídate". Probablemente hayas comprado al menos uno de estos productos. Pues bien, definitivamente van por buen camino en cuanto a su etiqueta. El marketing en redes sociales puede automatizarse. Se puede dominar hasta el punto de producir ingresos después de haberlo fijado. Pero llegar hasta ahí es otra cuestión totalmente distinta. Y ese es el precio que la gente tiene que pagar.

Y, por desgracia, la mayoría de la gente no está dispuesta a pagar eso. Les entusiasman los atajos, pero no están dispuestos a subir las escaleras para llegar a la cima. En el fondo de su mente, piensan que tiene que haber algún tipo de ascensor.

No hay atajos. Tienes que trabajar con esta metáfora

¿Adónde quiero llegar? Pues bien, el secreto de un marketing eficaz en las redes sociales es una pirámide invertida. Parece un embudo. Esa es la metáfora que debes tener en mente cuando pienses en formas de conseguir tráfico de las redes sociales y

plataformas de redes sociales y convertirlo en dinero contante y sonante en tu cuenta bancaria.

Necesito que mantengas en tu mente la idea de una pirámide invertida. Debe tener una base ancha en la parte superior. La cúspide de esa pirámide tiene una gran visibilidad. Tiene que estar ahí. Tienes que ser visible en las cuatro principales plataformas de medios sociales. Me refiero a Facebook, Twitter, YouTube y Pinterest.

En conjunto, el volumen de tráfico que puedes obtener de estas cuatro plataformas es alucinante. Potencialmente pueden bombear una enorme cantidad de tráfico. Pero eso es sólo una parte de la ecuación. Eso es sólo la parte superior del embudo. Potencialmente, puedes impulsar mucho tráfico desde la parte superior. Así de amplia es la parte superior del embudo.

Esta formación se centrará en estas cuatro plataformas, pero puedes utilizar los consejos que voy a compartir contigo y modificarlos para comercializar en otras plataformas, ya que muchos de estos principios se aplican fácilmente.

Puede que tengas que modificarlos un poco. Por ejemplo, si estás pensando en hacer marketing en Instagram, muchas de las cosas que te enseñaré sobre Facebook, Twitter, YouTube y Pinterest, pueden modificarse para que funcionen bien en la plataforma Instagram.

Ahora que tienes una idea clara de la gran visibilidad que puedes conseguir con las redes sociales, ten en cuenta que visibilidad no significa tráfico o clics hacia tu sitio web. Esto es un mito. La visibilidad de la que hablo significa visibilidad en esas plataformas.

Cuando la gente comparte tu contenido dentro de esas plataformas, puedes disfrutar de un enorme alcance dentro de las mismas.

Pero esto no significa automáticamente que cuando compartas contenidos en Facebook, las personas que vean tu enlace en los materiales compartidos por sus amigos hagan clic automáticamente en ellos.

Quítate de la cabeza la idea de que la visibilidad bruta, o como la denomina Facebook, el "alcance", se traduce automáticamente en tráfico. No funciona así.

En lugar de eso, tienes que empezar con una gran visibilidad del contenido en cada plataforma. La gente debe ver tus cosas allí. Debes conseguir un alcance lo suficientemente amplio.

Puede que la gente no haga clic necesariamente en tu sitio web, pero eso es secundario. En este punto, sólo quieres que tu marca sea visible. Sólo quieres que la gente se familiarice con tu marca.

Entonces, ¿qué importancia tiene la visibilidad? Puede que estés pensando, puesto que la visibilidad no significa visitantes reales a tu sitio web, ¿de qué sirve?

Piénsalo así, ¿cuándo fue la última vez que viste un anuncio por primera vez y automáticamente hiciste clic en él? Si eres como la mayoría de la gente, probablemente querrías ver el anuncio unas cuantas veces para familiarizarte con él. Puede que le eches un vistazo de vez en cuando, puede que leas la descripción de vez en cuando, pero después de suficientes visualizaciones, puede que pienses seriamente en hacer clic.

Lo mismo se aplica a tu contenido en las plataformas de las redes sociales. No esperes que por el mero hecho de poner títulos pegadizos y gráficos bonitos que llamen la atención sea suficiente para esperar una enorme cantidad de clics hacia tu sitio web. No funciona así.

La gente tiene que sentirse lo suficientemente cómoda. Tu contenido tiene que resultarles lo suficientemente familiar para que hagan clic en él.

Cuando los miembros de la audiencia hacen clic en el contenido que compartes a través de tus cuentas de redes sociales, tienen la oportunidad de que les guste tu página, seguir tu feed de Twitter, fijar tus publicaciones o suscribirse a tu canal de YouTube. Siguen en la plataforma, pero tienen la oportunidad de suscribirse a tu cuenta o seguirte.

Esta es la segunda etapa del embudo de las redes sociales o pirámide invertida. Tienes que desarrollar algún tipo de credibilidad en la plataforma. Tu contenido no es un material aleatorio salido de la nada. Aunque la gente no haga clic en él, ve suficiente similitud en términos de marca, gráficos y otras señales de contenido para que tu marca se distinga de las demás.

Una vez más, puede que no estén necesariamente motivados para hacer clic, pero con la suficiente repetición a través de los canales de las redes sociales apuntando a determinadas categorías temáticas y hashtags, tu marca no permanece como una desconocida.

Una vez que tengas a gente comprobando tu contenido a través de tus cuentas de redes sociales, puedes enviarles contenido de "llamada a la acción" (CTA). Este contenido recluta personas para tu lista de correo. Este contenido social que compartes ofrece algún tipo de incentivo.

Tal vez regales un folleto gratuito, tal vez regales software… sea cual sea el caso, hay algún tipo de regalo para incentivar a la gente a que haga clic en ese enlace, introduzca su dirección de correo electrónico y se una a tu lista de correo.

No importa si utilizas obsequios, contenido especial, entradas gratuitas especiales para un seminario online pregrabado. Sea como sea, el objetivo final es conseguir que la gente se una a tu lista.

¿El final del juego?

Cuando observas el embudo, el objetivo final es conseguir que la gente llegue a ese extremo estrecho del embudo. En ese extremo, no estás consiguiendo necesariamente que hagan clic en un anuncio para comprar algo. Estás haciendo algo mucho más valioso.

En lugar de eso, les estás llamando a la acción para que se unan a tu lista. Estás convirtiendo su alcance en las redes sociales, es decir, el extremo superior del embudo, en miembros de la lista, que se encuentra en el punto más estrecho de la parte inferior de la pirámide invertida.

Aquí es donde ocurre la magia. Una vez que la gente se une a tu lista porque les has incentivado con éxito para que introduzcan su correo electrónico en tu página de captación, tienes una tremenda oportunidad de construir una relación de ventas a largo plazo.

Esa es realmente la mejor forma de describirlo, porque cuando la gente te da su dirección de correo electrónico, lo que realmente te está diciendo es que confía en ti lo suficiente como para querer tener una relación comercial contigo.

Esto significa que no debes abusar de esa relación. No debes enviarles basura. No debes enviarles spam. Y por spam me refiero a material que no está relacionado con el tema de tu lista.

Mantente en el mensaje. Porque si eres capaz de hacerlo, tendrás una oportunidad tremenda de dar forma a la conversación y seguir vendiendo y convirtiendo a tu lista, no sólo una vez, no sólo dos, sino a largo plazo.

Hay muchos vendedores de listas con éxito que ganan siete cifras cada año, y lo único que tienen es una lista de correo. Todo depende de cómo construyas esa lista, de quién esté en ella y de lo que vendas en ella.

Independientemente de cómo lo cortes, puedes convertir lo que de otro modo sería una enorme cantidad de alcance en las redes sociales en una lista de fieles. Éste es el secreto de un marketing eficaz en las redes sociales.

Probablemente no hayas oído esto antes. No me sorprendería, porque la gran mayoría de los libros de marketing en redes sociales que existen intentan engañarte haciéndote creer que sólo tienes que cosechar todo ese tráfico de las redes sociales para que la gente haga clic como monos en los anuncios de tu sitio web.

Puede que eso funcionara cuando Facebook se lanzó por primera vez a nivel nacional. Definitivamente no funciona hoy en día. Lamentablemente, aquí es donde fallan demasiados profesionales del marketing. Lo estropean todo.

Ahora que ya conoces el secreto, he aquí una mala noticia. Este es precisamente el punto en el que demasiados vendedores meten la pata. Cuando envían contenido a las redes sociales, promocionan directamente su página de captación. Aunque la página de captación regala regalos e incentiva a la gente a registrarse, esto es demasiado y demasiado pronto.

Y, como es lógico, muchos de estos vendedores queman mucha exposición sólo para conseguir que la gente se una a su lista. Peor aún, cuando estas personas se unen a su lista de correo, no están en absoluto preparadas. No saben qué esperar, no están debidamente condicionadas, muchas de ellas ni siquiera están plenamente cualificadas para convertirse en miembros de la lista.

¿Y qué hacen? Acaban haciendo un montón de nada. En realidad, éste es el peor tipo de miembro de una lista.

Es mucho mejor tener una lista muy pequeña, porque si tienes una lista enorme y casi todos no hacen nada para poner dinero en tus bolsillos, vas a estar pagando por esos ocupas de listas mes tras mes.

Otra posibilidad es que atraigas a rebotadores de listas. Se trata de personas que se unen a tu lista sólo para obtener la prima que ofreces, la descargan y se dan de baja inmediatamente. Se han dado de baja de tu lista.

Marketing eficaz en redes sociales

Un marketing eficaz en las redes sociales significa utilizar tu tráfico en las redes sociales y un contenido altamente eficaz compartido en las redes sociales para construir relaciones exitosas. Tu lista de correo electrónico va a ser la plataforma que utilizarás para convertir las relaciones hechas posibles a través de todo ese tráfico de medios sociales.

Básicamente, estás creando listas de correo muy específicas utilizando contenidos compartidos en canales específicos de las redes sociales. Éste es el secreto de un marketing en redes sociales moderno y eficaz.

Capítulo 01 - Marketing en redes sociales - Visión general

Hay muchos conceptos erróneos sobre lo que es realmente el marketing en redes sociales. De hecho, cuando te encuentres con personas que se autodenominan consultores o profesionales del marketing en redes sociales, es muy probable que te den definiciones diferentes.

En parte, esto se debe al hecho de que hay muchos puntos de énfasis diferentes cuando se trata del marketing en las redes sociales.

Algunas personas se centran en el contenido, otras prestan más atención a la red a la que se va a dirigir el contenido, otras se centran más en el compromiso social. Naturalmente, para el profano, el marketing en redes sociales es un gran interrogante.

Comprendo que estés confuso en este punto. De hecho, puede que estés tan confuso que intentes simplificar las cosas en tu cabeza y acabes centrándote en cómo conseguir el mayor tráfico con el menor esfuerzo posible.

Así es precisamente como muchos empresarios y vendedores online enfocan el marketing en las redes sociales. Lamentablemente, ese es un billete de ida al fracaso o a la decepción. Tarde o temprano no funcionará. Con cualquier tipo de proyecto, tienes que tener la definición correcta, de lo contrario, te estás complicando las cosas.

Dependiendo de la definición que elijas, puedes tener todo tipo de expectativas, y si estos resultados no se producen, tu determinación y tus niveles de motivación empiezan a resentirse. Tienes que trabajar con la definición correcta.

Una definición ganadora

Dicho todo lo anterior, ¿qué es el marketing en redes sociales para nuestros fines actuales? Bueno, dado que esta formación utiliza el marketing de listas como vehículo principal para convertir el alcance de las redes sociales en dinero contante y sonante, el marketing en redes sociales consiste en establecer relaciones con el público basadas en contenidos. Permíteme repetirlo, el marketing en redes sociales consiste en establecer relaciones con el público basadas en contenidos.

Necesitas utilizar el contenido de forma estratégica. Necesitas hablar a determinados públicos y establecer una relación con ellos. Esta relación no es esta palabra amplia que hace que la gente se sienta bien, pero que en última instancia no significa gran cosa. En cambio, esta relación tiene una forma tangible. Y así es, por supuesto,
hablando de tu lista de correo. Una vez que tengas a gente en tu lista de correo, es cuando empieza la diversión.

Todo lo demás es sólo un trabajo previo o preliminar a ese momento. Necesitas conseguir gente para tu lista. El marketing en redes sociales va a ser tu vehículo principal para conseguir gente para tu lista. Todo tiene que girar en torno a esa lista. Y ésta debe dar forma, informar y guiar tus acciones en los medios sociales.

Gestionar tus expectativas

Un enfoque del marketing en redes sociales basado en las relaciones con la audiencia y basado en los contenidos establece expectativas diferentes en comparación con otras formas de definir este tipo de marketing. Cuando lees el típico libro de marketing en redes sociales, por ejemplo, "Cómo dominar Twitter", el enfoque se centra en

tráfico.

Por desgracia, si ése es tu objetivo principal, acabas con una mentalidad de "cuanto más, mejor" y te sientes realmente deprimido al final del día porque el tráfico no llega. Incluso si llega, no será suficiente. Te *has* preparado para fracasar.

Cuando utilizas un enfoque de creación de relaciones con la audiencia basado en el contenido para el marketing en las redes sociales, te centras en poner el contenido adecuado delante de los ojos adecuados para crear los niveles de confianza adecuados.

Este es un juego a largo plazo. Definitivamente es un maratón y no un sprint. Puesto que esa es tu expectativa inicial, te posicionas para una victoria a largo plazo. No vas a ser el típico vendedor de redes sociales fracasado que se lanza al juego con ambos pies sólo para descubrir que el tráfico simplemente no está ahí. ¿Y qué hacen? Eso es, abandonan.

Gestiona tus expectativas centrándote en la definición correcta y estarás bien. Lo peor que puedes hacer ahora mismo es sabotear cualquier posibilidad de éxito futuro definiendo el problema de forma equivocada y llenando tu mente de expectativas erróneas.

El marketing en redes sociales puede crear marcas si...

Ahora que hemos definido el marketing en redes sociales, el siguiente paso es centrarse en el resultado final de este enfoque de creación de relaciones con la audiencia basado en contenidos. Si lo haces todo bien, te harás con una marca. Déjame decirte que es el mejor activo que jamás tendrás.

Ahora bien, en términos de tráfico en el mundo real, puede que obtengas un nivel de tráfico de bajo a moderado. Pero si construyes una marca sólida, ese tráfico es todo lo que necesitas. Se trata de tráfico cualificado. No se trata de personas al azar que hacen clic ciegamente en los enlaces por curiosidad. Son personas que están realmente interesadas en lo que intentas vender. Quieren saber más de verdad.

Quieren entablar una relación contigo porque quieren saber de qué vas, que les guste lo que ofreces y, finalmente, confiar en lo que sea que estés impulsando. Se trata de personas reales. Y esto sólo es posible si construyes una marca sólida. Tienes que ofrecer un valor sólido.

Ojalá pudiera decirte que el marketing de contenidos es suficiente para lograrlo. Realmente me gustaría poder decir eso, pero no es cierto. Eso sólo explica una parte de la situación. Claro que tienes que ofrecer contenido que realmente interese a la gente, pero al fin y al cabo, cuando se unen a tu lista, esperan y merecen valor.

Así es como se construye una marca sólida. Cuando la gente se una a tu lista, descubrirá rápidamente que no ha perdido el tiempo porque envías actualizaciones de alta calidad que realmente añaden valor a sus vidas. El marketing en redes sociales puede disparar el ritmo al que se forman las marcas. Por eso mucha gente despotrica del marketing en redes sociales, pero muchos de ellos no tienen ni idea de cómo crear una marca sólida. La mayoría de las veces, simplemente tropiezan con ello.

Te he desvelado el secreto. Se trata de crear relaciones con la audiencia basadas en el contenido. Hay muchas partes diferentes en esa ecuación, y voy a guiarte a través de ellas de forma práctica en los siguientes capítulos. En esta sección, sólo quiero que te hagas a la idea de la definición y las expectativas que se derivan de ella. Así es como definimos con precisión el proyecto en el que te vas a embarcar.

Si no es así, lo más probable es que te castigues innecesariamente porque tenías expectativas poco realistas. Este no es uno de esos planes para hacerse rico rápidamente. No es una de esas historias de éxito de la noche a la mañana. Esto requiere trabajo de verdad. Esto es de verdad. ¿Estás preparado para el viaje? Estupendo. Pasemos al capítulo 2.

Capítulo 02 - 8 razones por las que el marketing SM es esencial

Por si acaso, si no tienes claro el valor del marketing en redes sociales, aquí tienes 8 razones por las que debe formar parte de tu plan integral de marketing online. Puede que tu plan actual haga más hincapié en el marketing en buscadores, puede que actualmente te centres en el alcance, todo eso está muy bien.

Pero para redondear realmente las cosas y añadir mucho más valor a tu actual campaña de marketing online, el marketing en redes sociales tiene que formar parte de la ecuación. No tiene que ocupar el centro del escenario, no tiene que ser tu prioridad absoluta, pero tiene que formar parte de la mezcla total. Éstas son sólo 8 de las miles de razones por las que tu empresa, independientemente de su tamaño, necesita hacer marketing en redes sociales.

Razón nº 1: El enorme alcance directo y viral de las redes sociales

Si construyes una página sólida en Facebook, desarrollarás un alcance directo. Esto significa que un determinado porcentaje de personas a las que les gusta tu página verán tus actualizaciones. Si bien es cierto que Facebook ha ido reduciendo el alcance orgánico de las páginas de Facebook

recientemente, hay una solución para eso. Cuando la gente vaya a tu página, puedes indicarles que les guste tu página y luego hacer clic en la configuración de tu página para mostrar primero tus actualizaciones.

Podrías mostrar un vídeo que enseñe a la gente cómo hacerlo. Incluso podrías publicar un gif animado. Hagas lo que hagas, indica a la gente que puede arreglar su configuración para ver primero tus actualizaciones. Ahora bien, para que la gente se tome el tiempo y la molestia de hacer esto, tienes que ofrecer contenido que sea realmente valioso. Esto hace que la responsabilidad recaiga sobre ti. Tiene que haber un valor real en tu página para que quieran hacer esto. Pero puedes aumentar tu alcance directo instruyendo a la gente.

Además, cuando a la gente le gusta tu contenido, puede compartirlo en su muro. Como en Facebook la gente tiene amigos y sus amigos tienen amigos, esto puede tener fácilmente un efecto exponencial. De hecho, aunque tu página sólo tenga cien "me gusta", pero se trate de personas reales con amigos reales, no te sorprendas si una de tus publicaciones se vuelve realmente viral y se propaga por todas partes.

Las redes sociales te permiten tener un gran alcance directo. También te proporciona una enorme oportunidad de disfrutar de una cobertura de contenidos exponencial.

Razón nº 2: Las redes sociales son habituales

Aunque diferentes grupos demográficos han mostrado una disminución o debilitamiento del uso diario, semanal o mensual de las redes sociales, esto no quita que mucha gente las utilice habitualmente. De hecho, mucha gente esto a primera hora de la mañana.

Cuando se despiertan, van a su móvil o tableta y comprueban sus actualizaciones. Puede convertirse fácilmente en un hábito. Esto te da una oportunidad tremenda de poner tu contenido y tu marca delante de muchos ojos interesados.

Razón nº 3: El público objetivo utiliza diferentes formatos de contenido

Lo bueno del marketing en redes sociales es que no estás limitado a un solo formato de contenido. No estás limitado a vídeo, imágenes, enlaces, entradas de blog, texto o archivos de audio. En lugar de eso, las distintas plataformas se especializan en distintos formatos. Y cuando  crear contenidos para una plataforma, puedes hacer fácilmente diferentes versiones del mismo en diferentes formatos para difundir a otros plataformas.

Por ejemplo, escribo una entrada de blog y la publico en Facebook. Creo un gráfico muy llamativo para esa entrada del blog. Así, cuando lo publico en mi página de Facebook, aparece una vista previa de la imagen y llama mucho la atención. La gente hace clic en ella y acaba en mi sitio web.

Puedo coger ese gráfico y compartirlo en Pinterest. Puedo tomar el texto de la entrada de mi blog o de mi artículo y crear un vídeo con diapositivas a partir de él y compartirlo en YouTube. También puedo coger el vídeo e incrustarlo en la entrada de mi blog. Puedo desnudar distintas partes del artículo o de la entrada en sí e introducirlas en Twitter junto con el enlace a la entrada o al artículo completo.

¿Ves cómo funciona esto? Consigues acceder a las diferentes audiencias de esas diferentes plataformas simplemente reutilizando o reciclando el mismo contenido que hiciste para una plataforma y compartiendo esos otros formatos en otras plataformas. Esto aumenta tu alcance potencial.

Razón nº 4: La mayoría de las plataformas de redes sociales pueden segmentarse

Si alguna vez has estado en Instagram, sabrás que cuando ves una foto, suele tener muchas etiquetas diferentes. Si has estado en Twitter, verás que muchos de los tweets más populares también tienen hashtags. Esas etiquetas son muy valiosas. Cuando utilizas una etiqueta con tu esencialmente estás categorizando tu contenido. La gente utiliza esas etiquetas para buscar contenidos. Es una herramienta de segmentación muy potente.

Las personas que buscan lindos cachorros de chihuahua utilizarán determinados hashtags que son diferentes de las personas que buscan publicaciones políticas libertarias. Si tienes un público muy definido, las herramientas y funciones de segmentación integradas en las plataformas de redes sociales pueden ayudarte.

Probablemente ya sepas que las grandes audiencias que no están muy segmentadas son esencialmente inútiles. Gracias a las funciones de segmentación del marketing en redes sociales, puedes conseguir un volumen menor de personas de muchas plataformas diferentes, pero puedes estar seguro de que esas personas están realmente interesadas en lo que sea que estés diciendo. Estas herramientas de segmentación te ayudan mucho a construir una base de audiencia muy refinada y bien cualificada. Esto, a su vez, aumenta tus probabilidades de realizar una venta.

Razón nº 5: Compartir contenido en la mayoría de las plataformas puede automatizarse

Gracias a herramientas como Hootsuite y SocialOomph, no tienes que preocuparte de ir manualmente a Facebook o Twitter y copiar y pegar material de un documento, ni de pasar horas configurando tus publicaciones programadas. Puedes automatizar tus posts para que se publiquen hasta seis

meses en Facebook. Esto significa que puedes configurar tu cuenta de Facebook para publicar de seis a diez o más veces al día, pero no tienes que cuidarla porque has introducido el contenido.

Lo mejor es que muchas de estas herramientas de automatización utilizan fuentes masivas. Es decir, puedes formatear tu contenido en un archivo Excel y convertirlo a CSV y conectarlo a estas herramientas. No tienes que introducir los materiales uno por uno. Así ahorrarás mucho tiempo y maximizarás tu alcance.

Razón nº 6: Puedes realizar una campaña de marketing de dos vías utilizando listas de correo

El núcleo de una campaña de marketing de relaciones con el público basada en contenidos en las redes sociales es crear una lista de correo altamente segmentada. Esto no es lo que piensas. Mucha gente piensa que, una vez construida la lista, ya está en camino de

convertirse en millonarios. Totalmente equivocado. Falta un paso.

Cuando la gente se une a tu lista de correo, se trata realmente de una lista de correo "general". Por "general" no quiero decir que hable de todos los temas bajo el sol. No me refiero a eso. En cambio, estoy hablando del interés general por el tema concreto. En realidad, en este momento aún no sabes quién es un comprador y quién es una persona que simplemente busca información y aún está intentando decidirse si confía en ti lo suficiente.

Creas una lista general y luego, con el tiempo, intentas venderles a una lista de compradores.

¿Cómo lo haces? Bueno, vendes artículos de bajo coste en tu lista general. Puedes vender un folleto por 1$. En realidad no importa cuál sea el precio. Tiene que ser muy bajo porque lo que realmente intentas es dar a la gente un medio para identificarse como comprador y quieres que sea *lo más* fácil y sencillo posible. Un dólar es casi una idea de último momento para la mayoría de la gente.

No pensarán que es demasiado doloroso comprar tu producto. Pero una vez que llegan a tu lista de compradores, los eliminas de tu lista general, y ahora tienes un pura lista de compradores. Esa lista, amigo mío, es una mina de oro. Ahí es donde envías tus actualizaciones para ganar dinero. Ahí es donde consigues que la gente eche un vistazo a tus estudios de casos y consigues que paguen mucho dinero por cualquier programa de afiliación o producto original que estés impulsando en tu lista de compradores.

Esto se llama una campaña de marketing de dos vías. Es extremadamente poderosa y ha hecho rica a mucha gente. Pero tienes que alejarte del error muy común de pensar que una vez que consigues que mucha gente se apunte a tu lista de correo, ya lo tienes hecho. Totalmente equivocado. Hay otro paso que tienes que dar.

Razón nº 7: Tu marca consigue una repetición natural a través del marketing multiplataforma

Suponiendo que todas tus cuentas de redes sociales en las cuatro plataformas principales tengan un aspecto similar entre sí, tienes muchos mordiscos a la manzana. De verdad. Cuando la gente se encuentra con tu marca en Facebook, existe la posibilidad de que se encuentre con tu marca en Twitter.

Si hay suficiente similitud gráfica entre tus marcas, entonces podrán ver que estás en todas partes y podrán conversar o relacionarse con tu marca independientemente del lugar de Internet en el que se encuentren.

Con el tiempo, esto genera una enorme familiaridad y la gente puede sentirse tan cómoda que se apunte a tu lista de correo cuando les llames a la acción. Lo mejor de esto es que ocurre de forma natural, simplemente creando
cuentas en las principales plataformas. Tu marca habla a las personas interesadas en tu nicho, independientemente de dónde vayan.

Razón nº 8: Ahorrar dinero mediante la reutilización de contenidos

No te equivoques, la generación de contenidos es cara. Incluso si contratas a personas altamente cualificadas, con talento, cualificadas y experimentadas de países con un gran número de personas que hablan inglés como segunda lengua, puedes quedarte sin

miles de dólares al año. Los escritores de alta calidad de lugares como India, Pakistán y Filipinas pueden ser más baratos que los escritores estadounidenses, pero sus costes siguen sumándose con el tiempo.

Una de las cosas del marketing en redes sociales que realmente me entusiasma es el hecho de que puedes crear contenido y reutilizarlo en muchos formatos diferentes. Esto reduce tus costes.

Si contrato a un escritor de la India y le pago 1.000 dólares al mes, puedo obtener una cantidad fija de contenido. En este punto, puedo elegir pagar a esa persona otros 1.000 $ para obtener aún más contenido, o puedo coger el contenido que haya producido y convertirlo en vídeos, infografías o reducirlo a preguntas para tweets.

Puedo convertirlos en diagramas, puedo coger la voz en off del vídeo que he producido y convertirla en un archivo de sonido. Incluso puedo hacer una presentación de diapositivas de estos materiales. Una vez que tengo todos estos contenidos reutilizados, puedo compartirlos en plataformas de formatos específicos. Por ejemplo, puedo compartir las presentaciones de diapositivas en Slideshare. Puedo publicar las infografías en Pinterest.

Puedo publicar las fotos del producto o fotos generales del producto en Instagram. Puedo publicar las preguntas en Twitter. También puedo publicar los vídeos en YouTube. Y lo mejor de todo, puedo publicar todos los formatos en Facebook. ¿Ves cómo funciona? Cuando haces esto, compras contenido una vez, le das una nueva finalidad y lo compartes para tener más posibilidades de conseguir tráfico o visibilidad con ese contenido reutilizado.

No estás creando contenido constantemente. De hecho, se trata de producir el menor contenido posible, pero comercializar ampliamente estas piezas de alta calidad. Así es como maximizas su valor. La vieja idea de publicar contenido constantemente sólo para conseguir unos cuantos ojos aquí y allá ha muerto. En serio. Es un billete de ida a la casa de los pobres.

Tu mejor enfoque sería hacer que ese contenido trabaje para ti convirtiéndolo en muchos formatos diferentes.

Luego compartes estos diferentes formatos en plataformas especializadas en esos formatos. Espero que las 8 razones anteriores te hayan quedado claras y que te animes a hacer bien el marketing en redes sociales. En el capítulo 3, hablaremos sobre cómo elegir una campaña de marketing en redes sociales que tenga más probabilidades de producir resultados para tu tipo de negocio online. Nos vemos allí.

Capítulo 03 - Gestionar la campaña de marketing de SM en función de tu negocio online

Sé que este capítulo va a despistar a mucha gente, pero la gente tiene que entenderlo. Una de las principales razones por las que muchos vendedores de medios sociales, por lo demás inteligentes y experimentados, no consiguen los resultados que buscan es el hecho de que están

utilizando el enfoque equivocado. Su enfoque del marketing en redes sociales y de los sitios web que promocionan es un enfoque único.

No necesitas que te explique por qué es una mala idea. No funciona en la mayoría de las áreas de tu vida y definitivamente no funciona cuando se trata de marketing en redes sociales. No puedes plantearte este proyecto con la mentalidad de que, mientras atraigas tráfico de las plataformas de medios sociales, puedes utilizar exactamente el mismo método y las mismas tácticas de comunicación, independientemente de la entidad o negocio online que estés promocionando.

Dado que estamos utilizando contenidos para desarrollar relaciones en las plataformas de medios sociales, este enfoque único es aún más fatal. Ya es una idea bastante mala de por sí, pero si utilizas una campaña basada en contenidos, la cosa empeora aún más. La realidad es que diferentes tipos de negocio requieren diferentes estrategias de contenido y publicación. Tienes que personalizar, modificar y ajustar tus estrategias particulares de contenido y publicación en las redes sociales para que se ajusten al tipo de sitio web que intentas promocionar.

Ahora bien, existe un gran número de variantes de sitios web. De hecho, hay demasiadas. Me atrevería a decir que el único límite, en realidad, es tu imaginación. Pero si tuvieras que categorizar estos diferentes tipos de sitios web en cuatro formas aproximadas, más o menos serían las siguientes: publicación, comercio electrónico o envíos directos, listas de correo electrónico y ventas de tráfico.

Una vez más, hay muchas variaciones, pero si observas los distintos *tipos de empresas que* existen, puedes reducirlos prácticamente a estos cuatro tipos. Cuando los estudias de cerca, tienen necesidades diferentes. Tienen características diferentes que hay que abordar, de lo contrario, no vas a obtener los resultados que buscas.

Por desgracia, muchos vendedores de redes sociales intentan promocionar un blog exactamente igual que promocionarían un sitio web de comercio electrónico o de envío directo. Del mismo modo, alguien que sólo intenta vender su tráfico en las redes sociales intenta hacer marketing de contenidos como alguien que tiene un blog. No funciona. No tiene sentido.

La conclusión es obvia: estrategias diferentes requieren tipos de contenido diferentes. Debes empezar por el tipo de entidad online que estás promocionando. ¿Estás promocionando un blog? ¿Tienes un sitio web que utiliza muchos artículos? ¿La gente aporta contenido? Pues tienes un sitio web de publicación. ¿Tienes una gota

¿tienes una tienda online de envíos? Tal vez la construiste con Shopify y utilizas Oberlo para obtener productos de Aliexpress.

Cuando la gente compra cosas en tu tienda, tu software encarga los materiales a Aliexpress y tú te quedas con la diferencia. Puede que vendas desde tu propio inventario, en realidad no importa. Diriges un sitio web de comercio electrónico.

Esto es muy diferente de un negocio editorial. Del mismo modo, si ganas dinero a través de tu lista de correo, no puedes hacer marketing en las redes sociales del mismo modo que lo harías si tuvieras una tienda online. De nuevo, estrategias diferentes requieren tipos de contenido diferentes.

¿Qué tienes disponible?

Ahora que te he hecho pensar en lo especial que es el objetivo específico de tu sitio web, necesito que te fijes en los distintos tipos de contenido que tienes a tu disposición. Tienes que pensar con originalidad. Tienes que fijarte en todas las opciones disponibles y en cómo puedes crear contenidos que

se adapta a tu tipo específico de entidad online.

Aquí tienes la lista de tipos de contenido que puedes utilizar para promocionar distintas entidades online, pero tu enfoque específico y tu especialización deberían pesar más en determinados tipos de contenido que en otros:

- Clips de audio
- Presentaciones de diapositivas
- Infografía
- Diagramas
- Enlaces del blog
- Vídeos

Lo esencial: No pienses sólo en enlaces

Realmente me asusta, de hecho, me entristece cuando veo que muchos vendedores de medios sociales, por lo demás capaces, se centran casi por completo en difundir

sus enlaces. Piensan que ese es el objetivo final. Bueno, sí, los enlaces son importantes. Puedo ver de dónde vienen porque cuando la gente clic en un enlace, eso es tráfico instantáneo.

Pero tienes que entender que, dependiendo del tipo de sitio objetivo que estés promocionando, construirías una marca más sólida si compartieras distintos tipos de contenido.

En muchas situaciones, probablemente te iría mejor compartiendo más audio o infografías y diagramas que compartiendo enlaces desnudos, porque la gente es bombardeada con enlaces todos los días. Tienes que pagar tus cuotas. Tienes que familiarizarte lo suficiente con los miembros de tu público objetivo utilizando estos diferentes tipos de contenido para que al final confíen en ti lo suficiente como para hacer clic en tu enlace.

Desgraciadamente, mucha gente lo hace al revés. Empiezan con los enlaces y, cuando se desesperan, utilizan otros tipos de contenido. En ese momento, llegan un día tarde y les falta un dólar. No hagas eso. En su lugar, utiliza el derivado primero el contenido y luego los enlaces. Además, no todos estos formatos funcionan con tu tipo concreto de sitio web.

Te sugiero que primero mires a tus competidores y prestes mucha atención al tipo de contenido que comparten actualmente. ¿Qué tipo de formato utilizan?

¿Comparten sobre todo citas con imágenes? ¿Se centran principalmente en el vídeo? ¿Tienen especial predilección por los diagramas? Esto no es aleatorio. En realidad te está diciendo todo lo que necesitas saber sobre cómo atraer a los miembros de tu público objetivo.

No es el momento de "ser revolucionario" e inventar algo totalmente inesperado. Eso no va a funcionar. Hay una razón por la que tus competidores no lo hacen. En este punto del juego, debes centrarte en lo que hacen los demás y aplicar ingeniería inversa a sus formatos.

Una vez que hayas establecido una marca distintiva, entonces podrás experimentar con distintos formatos, distintas formas de hacer las cosas y, posiblemente, dar con algo que sea distintivo de tu marca.

Pero hasta que llegues a ese punto, y a menos que lo hagas, tienes que centrarte primero en hacer ingeniería inversa de lo que hacen los demás. En otras palabras, deja que ellos hagan tus deberes. Céntrate en lo que hacen bien y amplíalo. Averigua cuáles son sus áreas de mejora e inventa una oferta más atractiva. Presta atención a lo que no hacen. Evítalo porque, obviamente, no compensa.

Espero haber sido claro. Asegúrate de que tus tipos de contenido, así como tus estrategias para compartir, se ajustan al tipo de negocio en el que estás. Un poco de ingeniería inversa puede ser muy útil.

Capítulo 04 - La forma clásica de hacer marketing en redes sociales y por qué es un

Pérdida de tu tiempo

Antes de entrar de lleno en el meollo de esta formación, tengo que dedicar algo de tiempo a la forma en que otras personas hacen marketing en las redes sociales. Necesito hacerlo porque es muy tentador que la gente se dedique a las mismas prácticas.

Entiendo de dónde vienen. Es fácil. Es como ver un poco de calderilla delante de ti y es casi irresistible luchar contra el impulso de agacharte y coger esa calderilla.

Pero cuando hagas eso, te despistará. Te dará una falsa sensación de incentivo o recompensa y no te sorprendas si acabas cediendo a tus peores instintos sólo para irte con menos que nada.

Esto ocurre todo el tiempo porque los seres humanos, siendo como son, siempre toman el camino de menor resistencia. ¿Quién puede culparles? Pero advirtiendo te sobre cómo funciona esto, es mi esperanza que te mantengas alejado de esto y te centres en cambio en invertir tu tiempo, esfuerzo y energía en la forma correcta de hacer las cosas.

El enfoque clásico del marketing en redes sociales

Entonces, ¿cuál es el enfoque clásico del marketing en redes sociales? Bueno, en realidad es bastante sencillo. Tanto si hablamos de Instagram, Twitter o Facebook, sólo tienes que "seguir", "gustar" o "hacerte amigo" de personas que estén interesadas en tu nicho.

Conectas con todas esas personas y, después de seguirlas, muchas de ellas te seguirán a ti. Por ejemplo, en Twitter, por cada 100 seguidores, no te sorprendas si te siguen entre 20 y 30 personas. Ahora es cuando la cosa se pone realmente fea. Los vendedores clásicos de redes sociales enviarían spam a sus seguidores. Enviarían todo tipo de basura no relacionada, y luego dejarían de seguirles. ¿Ves el patrón? Seguir, que te sigan, spam, dejar de seguir. Y ojalá pudiera decirte que lo hacen esporádicamente, pero en lugar de eso, estos autoproclamados "profesionales del marketing" utilizan todo tipo de software sofisticado para hacerlo.

Hasta hace unos años, esto funcionaba a las mil maravillas. Era una forma estupenda de conseguir mucho tráfico en Twitter. Pero ya no. Este patrón, en cambio, puede hacer que te baneen.

Y lo que es más importante, el tráfico que consigas utilizando esta táctica no va a ser bueno. ¿Por qué? No hay segmentación. No estás precalificando a esas personas que te seguirían.

La única razón por la que te siguieron en primer lugar es porque tú les seguiste primero. ¿Dónde está la selección ahí? ¿Dónde está la selección? Ahora bien, puedes hacer conjeturas alocadas, pero en última instancia, es un juego de volumen y no lleva a ninguna parte. La rentabilidad del esfuerzo no está ahí.

No digo que no puedas hacer ventas con esta técnica. No estoy afirmando eso. Pero lo que digo es que cualquier recompensa que obtengas no se compensa con la pérdida de tiempo, esfuerzo y energía, así como con los costes de oportunidad que conlleva. Es mejor que utilices un enfoque basado en la calidad.

El público busca calidad

Lo esencial de Social Media Marketing Revolution es utilizar contenido de calidad. Tu contenido hablará por ti. Tu contenido hará el trabajo de preventa con respecto a tu marca.

En otras palabras, tu contenido es tu representante. Habla *de* los valores con los que *quieres que* se asocie *tu* marca.

La triste realidad

Aunque la técnica de "seguir, ser seguido, spamear y dejar de seguir" siga funcionando para algunas personas, las reglas han cambiado. Las plataformas de las redes sociales te recompensarán o castigarán en función del engagement. Si quieres un ejemplo extremo de esto, mira Facebook.

Facebook solía ser una mina de oro de tráfico. Ahora ya no.

Necesitas un nivel de participación realmente alto para conservar tu alcance en Facebook. Si consigues niveles normales de compromiso, buena suerte. Así de mal están las cosas, y por eso necesito dedicar este tiempo a explicar por qué este "marketing clásico en redes sociales" ya no funciona.

Otros métodos fallidos

Sería negligente en mi deber de instruirte sobre estrategias fallidas de marketing en redes sociales si no mencionara también otras técnicas fallidas. En primer lugar, la caza de hashtags ya no funciona. Esta técnica consiste en que los vendedores busquen hashtags que sean tendencia. Ellos
básicamente publicarían contenido específico de su nicho, pero utilizarían hashtags no relacionados o irrelevantes y los emparejarían con su contenido.

Lo hacen porque quieren "subirse" a la tendencia ascendente de esos hashtags. Saben que la gente busca esos hashtags. Saben que
estas tendencias de hashtag están de moda, por lo que quieren captar
tantos globos oculares como sea posible.

Por desgracia, el tráfico que consigas no va a ser bueno. La gente busca un tipo concreto de información, y si ven que tu contenido no tiene nada que ver, no van a hacer clic. Puede que incluso te denuncien.

Otro método fallido del que deberías alejarte es el spam de influencers. Hay muchos influencers en casi todos los nichos. Si quieres ver esto en acción, ve a Facebook o Twitter. Hay muchas páginas especializadas y cuentas de Twitter especializadas.

Ahora bien, mencionar constantemente a esos influenciadores en tu contenido no va a servir de nada si tu contenido no aporta realmente ningún valor. Tiene que haber una razón por la que te comprometas con esos influencers. Y no basta con llamar su atención. Conseguir que miren tu contenido porque crees que tu contenido está de moda es una pésima idea.

En su lugar, debes centrar tu etiquetado de participación en función de lo que hayan hecho. Por ejemplo, si una persona influyente hablara de las últimas tendencias en calzado deportivo, esa persona sería un buen candidato para un artículo que publique sobre las últimas tendencias en calzado deportivo y lo que significan para los resultados de las grandes empresas de calzado.

Esa persona influyente estaría directamente interesada en lo que tengo que decir porque estoy compartiendo contenido que no sólo es de alta calidad, sino que está directamente relacionado con cosas de las que ya está hablando. ¿Ves la especificidad aquí? ¿Ves el vínculo directo? Ahora, compara esto con un influencer que sólo habla de Forex y yo etiqueto a ese influencer cuando hablo de bitcoin.

Esa persona se va a enfadar. ¿Ves la diferencia? Por último, la publicación automatizada sin difusión no va a funcionar. Básicamente, lo que estás haciendo es tirar espaguetis a la pared y esperar que algo se pegue. Si te limitas a publicar contenido de forma automatizada en Twitter, Facebook, Pinterest y otras plataformas, nadie sabe si la gente realmente participará.

Tienes que hacer algo de divulgación. Tienes que atraer la atención hacia tu contenido. Tienes que encontrar grupos existentes de audiencias altamente cualificadas y poner tu cuenta en las redes sociales delante de sus ojos.

Utiliza tus mejores contenidos. Si lo haces bien, tus publicaciones automatizadas en las redes sociales se verán recompensadas. Utiliza un enfoque escopeta y probablemente obtendrás los mismos resultados que otros vendedores fracasados en las redes sociales.

Capítulo 05 - Pasos para un marketing SM moderno más rápido y sencillo

En este capítulo, voy a darte una visión general de los 10 Pasos que voy a enseñarte en esta formación. Esta formación es producto de muchos experimentos fallidos. Créeme, si has estado expuesto a algún tipo de técnica o estrategia de marketing en redes sociales "de moda" o "rompedora", he
He estado allí. Lo he hecho. Esta formación es producto de todas mis experiencias.

Sé lo que funciona y lo que no. También comprendo que las personas tienen distintos niveles de habilidad, horizontes temporales y recursos de proyecto. Comprendo las limitaciones. Comprendo las preocupaciones de la mayoría de la gente con respecto al marketing en las redes sociales. En consecuencia, he ideado un Programa de 10 Pasos que resulta atractivo para la mayoría de los profesionales del marketing en redes sociales, independientemente de lo pequeño o grande que sea su presupuesto y de su nivel de conocimientos.

Si buscas un plan de marketing en redes sociales realmente eficaz que puedas configurar para que funcione prácticamente en piloto automático, es éste. Por favor, entiende que estos pasos que voy a exponer *son* exactamente eso. Pasos. Tienes que seguirlos. No puedes saltarte ningún paso. No puedes asumir que, como he mencionado ciertas palabras clave o estoy hablando de ciertos temas y asuntos, ya lo dominas.

Necesito que mires toda esta información con la mente abierta y hagas como si estuvieras aprendiendo marketing en redes sociales de nuevo. Si no tienes esa mentalidad y estás demasiado ansioso por saltarte pasos, no te sorprendas si el plan que te estoy enseñando no funciona para ti. ¿Cómo podría? Te lo has saltado a la torera. Te has precipitado. Te has saltado algunas partes clave.

Tienes que ser paciente con este programa yendo paso a paso. No pases al siguiente paso hasta que domines el paso en el que estás. Sé que estás ocupado, sé que no tienes tiempo, pero necesitas hacer esto bien. De lo contrario, sólo podrás culparte a ti mismo si las cosas no salen bien. ¿Queda claro? De acuerdo.

Aquí tienes los 10 pasos para un marketing moderno en redes sociales más rápido y sencillo:

- Investigación y selección de nichos

- Cuidar contenidos

- Haz ingeniería inversa de los mejores contenidos de tu competencia

- Crear contenido de carga útil ajustado

- Comercializa bien tu lista de correo

- Desbloquea el poder del contenido multiplataforma reutilizado

- Automatiza la compartición de contenidos

- Amplía tu selección de objetivos

- Vende a tu lista de forma diferente

- Reinvierte tus beneficios de la forma correcta

Ésos son los 10 Pasos. Sé que parecen muy sencillos. Definitivamente parecen bastante sencillos, pero el diablo, como siempre, está en los detalles. Nos vemos en el próximo capítulo.

Capítulo 06 - La investigación de nichos y la orientación correcta

No puedo ni empezar a decirte cuántas veces me he encontrado con vendedores de redes sociales y automáticamente quieren saber sobre la generación de tráfico. Olvídate de la investigación de nichos, olvídate de la inteligencia del consumidor, no te preocupes por configurar el sitio adecuado

para llegar a los ojos del público objetivo adecuado.

Pasemos directamente a lo "bueno". Ése es el tipo de mentalidad con el que me encuentro todo el tiempo, y por el que mucha gente lucha en este juego.

Tienes que comprender que hasta que y a menos que te encuentres ladrando al árbol correcto, sólo estarás persiguiéndote la cola. Sé que estoy utilizando muchas analogías caninas, pero son las más apropiadas. La mayoría de la gente simplemente se persigue el rabo y pierde mucho tiempo haciendo cosas que realmente no aportan nada a su cuenta de resultados.

Se podría prescindir rápidamente de muchas de ellas, y supongo que de todas, si la gente se limitara a hacer una selección de nichos con antelación. En otras palabras, conoce a tu público. Puesto que tienes un perfil claro de quién es tu público objetivo, el siguiente paso es ir a esas diferentes plataformas de medios sociales y encontrarlos allí.

Lo creas o no, sea lo que sea lo que estés promocionando, independientemente de lo esotérico, oscuro o raro que pueda ser, ya hay gente en las plataformas de las redes sociales hablando o mostrando interés por lo que sea que estés promocionando, lo sé, parece una locura, suena raro, pero es absolutamente cierto. Tu trabajo como vendedor es encontrar a ese público en esas plataformas de medios sociales.

La forma de hacerlo, por supuesto, es identificar al público objetivo de tu negocio. Lamentablemente, la mayoría de los profesionales del marketing ni siquiera se molestan en hacerlo. En su lugar, se limitan a considerar el marketing en redes sociales como una simple tarea de encontrar tráfico. Y ya está. Ese es el nombre del juego. Eso es todo. Si quieres tener éxito, tienes que tener claro quién es tu público objetivo.

Y créeme, esto no siempre es fácil. Te vas a encontrar con la tentación de hacer "conjeturas" sobre quiénes son los miembros de tu público objetivo. La mayoría de las veces, eso no funciona. Afortunadamente, hay una forma más fácil. Cuanto más dispares al azar en la oscuridad, haciendo todo tipo de conjeturas alocadas, más dinero y tiempo perderás.

Aquí hay un atajo: Encuentra a tus competidores. En serio. Simplemente encuéntralos. Y, déjame decirte, que por muy raro, esotérico o aparentemente "desconocido" que sea tu nicho, habrá al menos un competidor en las redes sociales. Busca esa organización o empresa y deja que investigue tu nicho y tu público objetivo por ti. Como ya han empezado y ya se dirigen a tu público, averigua quiénes son tus competidores y mira sus perfiles en las redes sociales.

Haz ingeniería inversa sobre a quién siguen. Presta atención a quién se dirigen. Mira cómo se categorizan a sí mismos. En términos más sencillos, presta atención a los hashtags que utilizan con su contenido. Estas pistas deberían bastar para darte una idea de por dónde empezar. De este modo, tendrás una ventaja. No estás completamente atrapado en la oscuridad y absolutamente despistado sobre qué hacer. En lugar de eso, dispones de información objetiva y probada con la que puedes trabajar.

Elige tu nicho objetivo

Tienes que recordar que todo negocio puede posicionarse al menos de una de estas dos maneras. Cuanto mayor sea tu nicho, más ángulos tendrás a tu disposición. Puedes fijarte en diferentes subsegmentos de tu nicho.

Tienes que entender cómo funciona esto porque puedes pensar que tienes un nicho claro, pero puede resultar que haya muchas capas o niveles diferentes en ese nicho. Puede haber diferentes subsegmentos.

Deberías tener una idea clara de cuál es tu nicho en general, y qué subsegmentos existen dentro de ese nicho más amplio. De nuevo, puedes hacer ingeniería inversa con tus competidores para intentarlo. En cualquier caso, tienes que hacerlo. Necesitas obtener esta información.

Ahora que tienes una idea de cuál es tu nicho objetivo, ve a las distintas plataformas como YouTube, Facebook, Twitter y Pinterest. Ahora, fíjate si estos lugares tienen áreas de contenido o de mensajería considerables, como páginas de Facebook, grupos, comunidades de Google Plus, hashtags de Twitter, Pinboards de Pinterest y canales de YouTube existentes.

Presta atención a estos lugares y comprueba si tu nicho es lo suficientemente grande en esas diferentes plataformas. Si te das cuenta de que una plataforma en concreto no tiene mucho contenido para tu nicho específico, es una señal de alarma. Puede que no haya demanda. Puede que el tamaño de la audiencia no merezca la pena. Por otra parte, si ves que hay muchos vídeos relacionados con los temas que vas a tratar, puede ser una buena señal. Pero necesitas hacer otro nivel de análisis. Presta atención al número de competidores que tienes.

Si parece que hay un gran número de competidores luchando por el mismo nicho, entonces esto va a ser un problema. Pero si resulta que hay muchos contenidos dirigidos a tu nicho, pero sólo los producen un puñado de personas u organizaciones, es una señal alentadora.

Además, presta atención a lo activos que son los miembros de tu público objetivo. Fíjate en el contenido que se comparte en relación con tu nicho. ¿Ves mucho engagement? ¿Comparte la gente este contenido? ¿El hashtag es muy frecuente?

Busca estos y otros indicadores objetivos de actividad. Cuando tengas en cuenta estos indicadores, tendrás una idea clara de si debes dirigir tu nicho a una plataforma concreta o si debes ignorarla por completo.

Enumera los indicadores de tu nicho

Mientras haces ingeniería inversa, presta atención a cómo se indica tu nicho en las plataformas. Se trata de hashtags, categorías, objetivos de palabras clave, patrones de etiquetado y etiquetas. Utilízalos para hacer el análisis que he descrito antes. De nuevo, en cualquier nicho, hay subnichos, así que tu objetivo aquí es encontrar un subnicho o una forma de posicionar tu contenido para no encontrarte con una cantidad ridícula de competencia.

Sigues accediendo a una demanda considerable, pero no te estás poniendo las cosas imposibles al chocar frontalmente con una competencia profesional bien arraigada. Probablemente tendrás que seguir experimentando con diferentes subnichos hasta que encuentres uno lo bastante prometedor.

Capítulo 07 - Tu arma secreta de marketing en redes sociales: la curación de contenidos

Ahora que has elegido el subnicho específico al que te vas a dirigir y has terminado de hacer una investigación avanzada sobre dónde se encuentran las audiencias de tu subnicho o segmento de nicho en las plataformas de las redes sociales, el siguiente paso es encontrar contenido.

Tengo buenas y malas noticias. La buena es que puedes ahorrarte mucho dinero. La mala noticia es que tienes que dedicar mucho más tiempo y prestar atención a los detalles. No hay duda. No puedes descuidar la calidad del contenido que vas a compartir en tus redes sociales.

Todos y cada uno de los contenidos que compartas deben construir tu marca. Esto no es negociable. No puedes elegir piezas de contenido al azar que, de alguna manera, tengan algo que ver con tu nicho.

Eso no te ayudará a conseguir los ojos adecuados. Eso no te va a ayudar a establecer el tipo de credibilidad y autoridad que necesitas para convertir finalmente un tráfico altamente específico y cualificado de las redes sociales en dinero frío y duro.

¿Qué es la curación de contenidos?

Como he mencionado anteriormente, puedes ahorrar mucho dinero con la curación de contenidos. Esto debería ser obvio.

Al fin y al cabo, no vas a utilizar el contenido que tú mismo has creado. La curación de contenidos consiste en seleccionar el contenido de otras personas y compartir esos materiales en tus cuentas de redes sociales. Esto crea una situación beneficiosa para todos.

Como estás compartiendo enlaces y descripciones de esos contenidos, el creador de esos contenidos obtiene tráfico gratuito. Tú, por tu parte, consigues aumentar tu credibilidad porque la gente se ve recompensada por seguir tus cuentas con contenido muy específico, muy dirigido y de valor añadido.

Todos ganan. El usuario gana, tú ganas y, por supuesto, el creador original del contenido sale ganando. Así es como se supone que debe funcionar. Tú ganas a lo grande porque te ahorras una enorme cantidad de dinero al no tener que crear una enorme cantidad de contenido original.

Si alguna vez has intentado escribir tu propio material o has subcontratado la creación de contenidos, ya sea en EE.UU. o en otras partes del mundo, puede resultar bastante caro muy rápidamente.

La curación de contenidos te permite crear credibilidad entre tu audiencia de una forma muy barata. Utilizas el contenido de otras personas. Consigues entretenerles, crear credibilidad y ganarte su confianza. El inconveniente es el tiempo. Claro que no gastas dinero, pero sin duda gastarás tiempo.

Como he mencionado anteriormente, no puedes ser indiscriminado cuando intentas hacer curación de contenidos. Cualquier buena voluntad que hayas creado para tu marca se esfumará si la gente se da cuenta de que estás curando y difundiendo al azar contenido de baja calidad que puede tener algo que ver con tu nicho. Eso no va a funcionar. Ni de lejos.

Adopta la estrategia de curación de contenidos adecuada

Ahora que sabes dónde están los miembros de tu público objetivo en las plataformas de redes sociales, construye credibilidad poblando tu
cuentas de redes sociales con contenido de terceros de gran credibilidad y autoridad.
A esto se le llama curación.

Entre esos materiales, vas a compartir tu propio contenido original. De vez en cuando, vas a llamar a la gente a la acción para que echen un vistazo a los incentivos que estás regalando para que se unan a tu lista de correo. Así es como se juega el juego. Cuando la gente te sigue, se les recompensa con contenido de primera categoría. No importa realmente si tú has producido ese material o si lo ha escrito otra persona, tus seguidores se ven recompensados por seguir tu cuenta.

Reciben material específico de su nicho. Con el tiempo, creas confianza con ellos porque sólo les envías los mejores materiales. Empiezan a prestar atención a tus propios materiales. Y lo que es más importante, empiezan a fijarse en el contenido que compartes, lo que les anima activamente a suscribirse a tu lista de correo.

Esta es la clave. Intercalas tu propio contenido original. Creas una impresión de calidad en sus mentes porque sólo envías el mejor contenido de terceros. Luego mezclas tu propio contenido original, que es de la misma calidad que el otro material que envías. Con el tiempo, se sentirán atraídos por tu marca, y aquí es donde entra en juego tu contenido de llamada a la acción.

Les llamas a la acción en relación con los obsequios que estás regalando. Puede que estés regalando software, un folleto, códigos de descuento o incluso un libro completo, no importa. Les estás sobornando éticamente para que introduzcan sus direcciones de correo electrónico y puedan descargar el incentivo. Así es como construyes tu lista de correo.

Además de todo esto, cuando la gente se une a tu lista de correo, les llamas a la acción para que compartan los correos que les envías. Quizá debas pedirles que reenvíen el correo electrónico a sus amigos. Quizá quieras que copien y peguen el material y lo publiquen en su muro de Facebook.

La mejor parte

Lo mejor de la curación de contenidos es que es muy fácil de automatizar. En serio. Es una forma de promoción de contenidos muy fácil de automatizar. Sólo tienes que obtener las URL de los contenidos de terceros que estás recopilando e introducirlas en una hoja de Excel. Luego conviertes las  en un archivo CSV, que luego importan herramientas de programación de redes sociales como Hootsuite y SocialOomph.

No tienes que introducirlo todo manualmente. No tienes que programarlo todo a mano. Puedes hacer todo esto a través de un software. ¿No es increíble? Consigues ganar credibilidad al tiempo que minimizas el trabajo.

Dicho esto, debes prestar especial atención a la calidad del contenido.

La clave es prestar mucha atención a los detalles

Tienes que resistirte a la tentación de realizar búsquedas básicas de palabras clave en Google o en plataformas de redes sociales y coger cualquier cosa que esté relacionada de algún modo con tu nicho. Ese es un billete de ida a la destrucción de la marca. Has trabajado duro para construir tu red social marca mediática, sería realmente una pena ver cómo todo eso se esfuma porque el contenido que estás curando es muy impredecible en cuanto a calidad.

Puede haber varios días en los que envíes los mejores y más vanguardistas informes sobre tu nicho, seguidos de unos días de contenido completamente inútil. ¿Qué crees que pensarían los posibles seguidores? Pensarían que tu marca no es fiable o que eres poco profesional. Sea como sea, no vas a convencer a la gente de que tu marca se centra en lo mejor de tu nicho.

Tienes que ser muy exigente a la hora de seleccionar el contenido. Tienes que leer detenidamente los materiales. Asegúrate de que el contenido está vivo, actualizado y bien escrito. Esto, por supuesto, lleva tiempo. La contrapartida, obviamente, es que no tienes que gastar dinero. En cualquier caso, debes prestar mucha atención al contenido que compartes porque representa a tu marca. La calidad que contiene hace que tu marca parezca buena o la erosiona. Tú eliges.

Capítulo 08 - Ingeniería inversa de los mejores contenidos de tus competidores

En el capítulo anterior, mencioné que vas a tener que mezclar tu contenido original. Ahora, la pregunta que probablemente tengas en mente es: "¿Cómo sé qué contenido producir?".

Hay dos formas de hacerlo,

como he mencionado antes en esta formación. Puedes intentar resolver las cosas por tu cuenta

propios y realizar todo tipo de experimentos, o simplemente puedes dejar que tu competidores que hagan los deberes por ti.

Espero que puedas ver cuál es el camino más fácil. Debería ser obvio. Si estás enviando el mejor contenido de tu nicho, tu contenido original debe estar al mismo nivel o mejor. De lo contrario, tus seguidores no van a morder el anzuelo. No van a confiar en tu marca.

Aprecian el hecho de que estés recopilando toda esta información y, sin embargo, probablemente se queden y sigan tus cuentas en las redes sociales,

no puedes contar con que hagan casi nada más. Realmente no hay ningún incentivo para que se unan a tu lista de correo.

¿Por qué deberían hacerlo? Tu contenido no es tan bueno. Sólo tienen que comparar el tipo de contenido original que produces con *el* material de terceros de primera categoría que compartes para ver tu punto débil. ¿Ves el problema?

Tienes que producir contenidos de primera si quieres que tu marca sea creíble. Afortunadamente, esto es más fácil de lo que crees. Simplemente haz ingeniería inversa con tus competidores.

Mira sus cosas más exitosas. ¿Cómo lo sabes? Mira los indicadores de redes sociales de su contenido. ¿Cuántos "me gusta" obtienen sus mejores contenidos? ¿Cuántos "compartidos"? ¿Hay algún otro indicador que muestre que este contenido tiene realmente tracción?

Quizá deberías prestar atención al número de comentarios de ese contenido. Tal vez quieras ejecutar un comprobador de backlinks en un contenido y ver cuántos otros blogs o sitios web enlazan a ese contenido.

Así es como se mide el éxito global de cualquier contenido, de modo que puedas utilizarlo como "plantilla", por así decirlo, para tu propio contenido. No digo que debas copiarlo, sino que te animo a que lo utilices como punto de partida y elabores algo mucho mejor.

Céntrate en lo que funciona

Cuando observas las piezas de contenido más sociales de tus competidores, estás basando tu propio contenido original en temas y asuntos que realmente funcionan. Tienen tracción entre los miembros de tu público objetivo. No pierdes dinero ni tiempo haciendo conjeturas.

Éste es uno de los errores más comunes que cometen los vendedores en las redes sociales. Piensan que tienen las mejores ideas sobre el contenido "de moda" en su nicho, así que inventan todo tipo de contenido que creen que es sencillamente increíble, sólo para fracasar.

Te digo que por cada 100 piezas de ese tipo de contenido original, tal vez 10 ganarían algún tipo de tracción respetable en tu nicho. Es demasiado caro y consume demasiado tiempo. Afortunadamente, hay una forma mejor. Sólo tienes que aplicar ingeniería inversa a los contenidos de más éxito de tus competidores.

Utilízalo como punto de partida. Puedes ajustarlos, puedes modificarlos, puedes idear tus propias variaciones, pero al menos tienes una ventaja. Al menos estás en el punto de partida. No estás dando tiros al azar en la oscuridad.

Aprende de tu propio éxito

Cuando hayas empezado a curar y mezclar tu contenido original, presta atención a tus estadísticas. Deberían decirte cuál de tus contenidos recibe más amor.

Si notas que un puñado de tu contenido curado de terceros recibe un muchos retweets, compartidos en Facebook o cualquier otro indicio de participación en las redes sociales, presta mucha atención a esos contenidos.

A un nivel u otro, tocaron una fibra sensible. Captaron la atención de los miembros de tu audiencia de forma muy positiva. Encuentra estas piezas de contenido de éxito y crea versiones originales de ellas.

Del mismo modo, si tienes muchas piezas de contenido originales diferentes, sólo un puñado de ellas tendrán realmente éxito. Presta atención a esos. Encuéntralos. Una vez que los hayas identificado, crea más de ellos. Céntrate en los mismos temas y presenta información similar de la misma manera.

La clave aquí es centrarse en lo que funciona y ampliarlo y hacerlo crecer. Deshazte de lo que ha fracasado. Construye sobre tus puntos fuertes. Crea versiones derivadas multiplataforma de tus contenidos más exitosos

Ahora que tienes una idea clara de cómo crear contenido que tenga tracción probada, no te limites a seguir haciendo ingeniería inversa. Aunque tienes que seguir haciéndolo, también tienes que hacer algo más. Crea versiones derivadas o multiplataforma.

Por ejemplo, un tipo concreto de entrada de blog funciona bien en todas tus cuentas de redes sociales. Identifica sus temas, presta atención a sus patrones e inventa otra entrada de blog. Comprueba si funciona.

Si consigues el mismo nivel de éxito, estás en el buen camino. No es una casualidad. No es cosa de una sola vez. Has dado con un tema que los miembros de tu audiencia disfrutan fácilmente.

El siguiente paso es llevar las cosas a otro nivel. En lugar de limitarte a publicar otra entrada en el blog, crea vídeos sobre ese tema. Haz diagramas especializados. Produce infografías.

Toma estos materiales y compártelos en plataformas de medios sociales especializadas en esos formatos. Por ejemplo, para las URL de las entradas del blog, compártelas en Twitter y Facebook. Para los vídeos, compártelos en YouTube. Para diagramas e infografías, compártelos en Pinterest.

Profundiza aún más, examina las entradas más populares de tu blog, extrae las preguntas clave y utilízalas como pistas o títulos para los tweets. Tuitea el mismo contenido varias veces a lo largo de una semana. Por supuesto, no lo sueltes todo en una hora, sino espaciándolos. Aun así, cuando utilices las preguntas adecuadas, te harás muy visible en Twitter. Combínalas con los hashtags adecuados.

Lo esencial

Lo bueno de la curación de contenidos es que ahorras mucho dinero, pero también te estás posicionando para aprovechar tus puntos fuertes. Te centras en las cosas que haces bien, y en

averiguarlas para poder producir previsiblemente contenidos de éxito.

Ahora bien, esto no va a ocurrir de la noche a la mañana. Tienes que seguir experimentando hasta que encuentres los temas adecuados que funcionen sistemáticamente con tu público.

Capítulo 09 - Afinar el contenido de tu carga útil

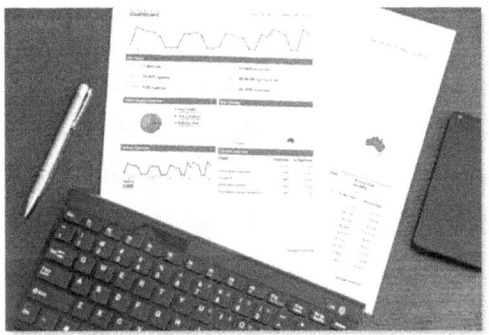

Como he mencionado anteriormente, puedes crear tu propio contenido basándote principalmente en las señales sociales de los materiales de terceros de primera clase que estés curando. En pocas palabras, cuando estés investigando, te encontrarás continuamente con

determinados contenidos que consiguen mucha participación en las redes sociales.

Éstos son todos los indicadores objetivos que necesitas para comprender que estás ante un contenido de alta calidad y gran demanda. En ese momento, puedes elaborar tu propia versión de ese contenido.

Puedes utilizarlo como plantilla, por así decirlo. Otro enfoque sería simplemente curar primero. Simplemente coge todo el contenido de terceros de alta calidad con grandes señales sociales y ponlo todo en autopublicación en tus cuentas de redes sociales.

Realiza esta campaña de curación durante varias semanas. Pronto verás un patrón. Con el tiempo, verás que algunos de estos materiales consiguen mucha más participación que otros. En ese momento, puedes crear tu propia versión.

Personalmente, elijo mi propio contenido utilizando ambos métodos. Si tengo prisa por conseguir que la gente se apunte a mi lista de correo, utilizo el primer método. Pero si no estoy seguro del nicho o todavía estoy tratando de tantear el terreno para comprender a mi público, me quedo con el segundo método. Realmente no hay una respuesta correcta. Todo depende de tu situación.

Lo bueno del segundo método es que estás eligiendo tu estrategia de contenido original basándote en lo que realmente funciona en términos de tus cuentas en las redes sociales. Tienes que entender que, aunque el contenido de terceros de alta calidad puede tener muchas señales sociales objetivas, esas señales pueden haberse generado en contextos diferentes. Quizá el editor original hacía algo que tú no haces. ¿Ves cómo funciona esto? Aún así, puedes hacer el primer método si tienes prisa. Pero si te sobra algo de tiempo, quizá quieras probar el segundo método. Haz primero la curación, déjala correr y luego presta atención a tus estadísticas. Deberías ser capaz de ver un patrón.

De hecho, basándome en mi experiencia, el contenido que suele ir bien suele *estar* dentro de un estrecho abanico de temas. De hecho, en algunas de mis campañas, casi todo el contenido que obtuvo un gran éxito en Internet se centraba en una pregunta. Así de centradas pueden estar las necesidades de tu público. Deberías prestar atención a lo siguiente: fíjate en el compromiso del contenido y en los clics. Muchos profesionales del marketing en redes sociales se equivocan en este punto. Piensan que todo es cuestión de engagement. Te digo que, por muchos me gusta, compartidos o comentarios que reciba un contenido, si la gente no hace clic en él, esas señales de compromiso no valen gran cosa.

Recuerda, al fin y al cabo, quieres tráfico. Esa es la razón por la que estás haciendo esto en primer lugar. Fijarte en cuántos compartidos, me gusta o comentarios obtienes no te va a servir de nada. Siempre tienes que prestar atención a los clics.

Tiene que haber algún tipo de relación entre el compromiso total y los clics. Cuanto mayor sea la proporción de clics, más atención deberás dedicar a un contenido.

Estudia detenidamente los contenidos con muchos clics y con mucha participación

Ahora que has identificado los contenidos curados que funcionan bien, el siguiente paso es analizarlos con un peine de dientes finos. Pregúntate: ¿qué problemas interesan a la gente cuando lee este contenido? ¿Cómo son estos contenidos

posicionado o presentado? ¿Utilizan algún tipo de titular emotivo? ¿Utilizan subtítulos que plantean preguntas? ¿Arrastran a la persona o se limitan a exponer la información en un punto muerto?

Presta atención a los aspectos estéticos. La gente juzga un libro por su portada, y las entradas de blog y los artículos no son diferentes. ¿Cómo están formateados estos materiales? ¿Están

¿tienen fotos grandes? ¿Tienen imágenes de cabecera? ¿Utilizan diagramas? ¿Qué hacen exactamente?

Una vez que hayas respondido a todas estas preguntas y te sientas cómodo con las respuestas obtenidas, el siguiente paso es crear tu propia hoja de especificaciones de contenido. Ésta será tu plantilla.

Ahora bien, asegúrate de que no te basas sólo en un contenido de éxito. Ese contenido de terceros podría ser una casualidad. Puede que la empresa que lo creó haya tenido suerte y, por alguna razón, ese contenido se haya hecho viral. Eso no te ayudará.

Tienes que basar tu plantilla en el éxito de muchas piezas diferentes de contenido comisariado. De este modo, podrás estar más seguro de que, aunque apenas cumplas todas las especificaciones, al menos obtendrás unos resultados decentes y positivos.

Utilizando la información anterior, crea el contenido de la carga útil

Ahora que ya tienes tu plantilla, tienes que crear tu propio contenido original de alta calidad y alto compromiso. Este contenido se va a utilizar para vender a la gente de tu lista de correo. Cuando lean este contenido, se supone que se entusiasmen por unirse a tu lista de correo. Éste es el contenido que tiene más probabilidades de ser creíble y más probabilidades de ser compartido.

¿Estás emocionado? Pues no te emociones demasiado. Mucha gente se lanza a por todas y acaban saboteándose a sí mismos porque el contenido de pago que crean en parece un anuncio. Eso es spam obvio. Nadie va a confiar en ti con eso.

Es evidente que intentas hacer trucos y jugar. Eso no va a funcionar. En lugar de eso, el contenido debe ser informativo. Piensa en ello como en un infomercial. Estás vendiendo algo, eso es obvio, pero la gente tiene que salir con un valor sólido.

Tienes que caminar por esa cuerda floja. Hay una delgada línea entre hacer tragar cosas a la gente y proporcionar un valor sólido sin pedir nada a cambio. Tienes que llegar a un compromiso decente entre ambas cosas.

La conclusión es que, hagas lo que hagas, el contenido que produzcas debe ser valioso. Debe añadir valor a las vidas de las personas que lean tus materiales. Así es como construyes credibilidad. Así es como consigues que la gente se entusiasme con tu lista de correo.

Recuerda que se supone que tu lista debe añadir valor a sus vidas. Va a ser muy difícil dar esa impresión cuando el contenido que compartes carece de valor. Espero que puedas verlo. Nos vemos en el próximo capítulo.

Capítulo 10 - Comercializa bien tu lista

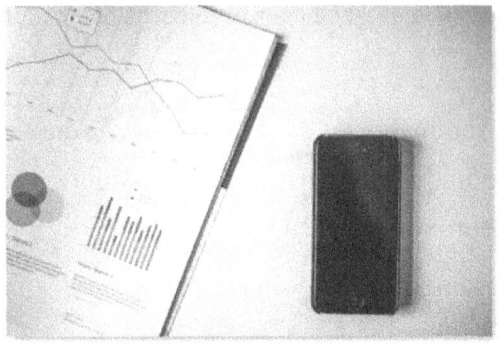

Ahora que ya tienes claro el contenido de tu payload, el siguiente paso es entender qué tipo de regalo vas a tener que utilizar para conseguir que la gente se suscriba a tu lista de correo.

En un mundo ideal, la gente puede ver el valor que aportas. Sólo necesitan echar un vistazo al contenido que compartes, así como a la información crucial que obtienen de tu contenido premium. Ven este contenido premium y ven de qué vas, qué puedes ofrecer y por qué es tan buena idea suscribirse a tu lista de correo.

Por desgracia, las cosas no funcionan así. Aunque tengas los mejores artículos y entradas de blog en tu sitio web, la gente sigue necesitando un empujón para suscribirse a tu lista de correo. Aquí es donde entran en juego los incentivos.

Vas a ofrecer contenido premium gratuito de alta calidad, pero vas a reempaquetarlo de forma que la gente lo aprecie. Quizá lo pongas en un libro, tal vez se te ocurra algún tipo de hoja de trucos u hoja de recursos, o tal vez puedas desglosarlo todo en un folleto o incluso convertirlo en forma de software.

Sea como sea, este contenido premium para regalar va a actuar como incentivo para que la gente se una a tu lista de correo. Obtendrán una copia de lo que estés regalando a cambio de su correo electrónico. Yo llamo a esto un soborno ético. Estás sobornando a la gente para que se apunte a tu lista. Normalmente, no lo harían. Sólo unas pocas personas se tomarían el tiempo y la molestia de inscribirse en tu lista, independientemente de lo increíbles que sean las entradas y los artículos de tu blog. Ésa es la realidad.

Averiguar qué utilizar como incentivo

Espero que puedas ver la lógica que hay detrás de regalar obsequios para que la gente se apunte a tu lista de correo. La gente necesita un empujón. La gente necesita algún tipo de edulcorante extra para conseguir el

de la oferta. Necesitan algo más para salir de la valla y entrar en tu lista de correo.

Ahora, el siguiente paso es averiguar qué tipo de incentivo regalar para que la gente se una a tu lista de correo. La buena noticia es que no tienes que empezar de cero. No tienes que hacer conjeturas.

No tienes que dar tiros en la oscuridad. Si prestas atención a tu contenido original de mayor rendimiento, tendrás toda la información que necesitas para idear un incentivo convincente.

Por ejemplo, si diriges un blog de jardinería y observas que mucha gente hace clic en "compartir" y se involucra de algún otro modo con tu contenido sobre tomates, probablemente sea una buena idea idear un libro de regalo sobre cómo construir tu propio invernadero de tomates barato. ¿Ves cómo funciona?

Presta atención a tus contenidos originales que mejor funcionan. Fíjate en las preguntas que responden y en las que no responden. De este modo, puedes utilizar tu contenido popular como zona de lanzamiento para tu contenido de incentivo. Haces saber a tus lectores que si necesitan más información, y la necesitarán porque el contenido que están disfrutando carece de ciertos elementos, deben hacer clic en este enlace. Ese enlace, por supuesto, es tu página de captación. La página de captación anuncia tu sorteo y enumera las razones por las que la gente querría descargarse ese sorteo. Es bastante sencillo. Sólo estás ofreciendo contenido premium al que ya apunta el resto de tu contenido disponible gratuitamente.

Apuntan a ese contenido porque no contienen ese material. Hacen un buen trabajo creando credibilidad y autoridad. Hacen un gran trabajo añadiendo valor a la vida de tus lectores, pero también es obvio que faltan ciertas partes. Para obtener ese material extra, tienen que inscribirse. Es totalmente gratuito. No les cuesta ni un céntimo, pero tienen que inscribirse en tu lista de correo.

Así es como configuras tu lista de correo. Tiene que estar estrechamente vinculada a tu contenido premium. Idear incentivos o regalos que parezcan salidos de la nada, porque no están relacionados con lo que estás haciendo actualmente, no es una buena idea. Lo más probable es que fracases. Cuando se te ocurre un contenido incentivador que está directamente relacionado con los materiales que ya estás compartiendo, creas una sensación de valor. También hay una sensación de exclusividad.

Después de que la gente haya visto tu contenido y se haya dado cuenta de lo que eres y de lo que trata tu marca, hazles partícipes de una prima especial. Se trata de un trato especial del que no tienen ni idea otras personas que no han accedido a tu marca.

Coloca todo tu contenido original para impulsar primero tu lista de correo

Para realzar el valor de tu contenido incentivado, primero tienes que promover el valor de la lista de correo.

Sé que suena contradictorio, pero si

piénsalo, tiene todo el sentido del mundo porque, en realidad, es la lista de correo a la que se están apuntando.

El obsequio que regalas es sólo un soborno. Su objetivo es conseguir que la gente introduzca su dirección de correo electrónico y nada más. Si utilizaras todo tu contenido original para resaltar el hecho de que la gente puede obtener este contenido adicional, no te sorprendas si la gente se inscribe en tu lista y se da de baja rápidamente porque realmente no les interesa tu lista.

Una vez más, estás en la cuerda floja. Por un lado, quieres que la gente se entusiasme con la prima que estás regalando a cambio de su dirección de correo electrónico. Por otro lado, quieres que la gente vea el valor que obtendría siendo miembro de tu lista de correo.

Así es como debes actuar. Todo tu contenido original debería impulsar primero tu lista de correo. No digo que no debas vincularlo al incentivo, pero tu contenido original de debe destacar el hecho de que cuando la gente se una a tu lista de correo, seguirá recibiendo información valiosa. Esta es la clave.

Porque cuando utilizas tu contenido probado y comprobado para impulsar la suscripción a la lista de correo, es menos probable que la gente se suscriba a tu lista y se dé de baja inmediatamente. Son conscientes del valor que la lista puede aportar a sus vidas.

A continuación, reproduces el contenido premium como parte de la afiliación. En otras palabras, es un extra. No es el objetivo principal de la lista. Mantén la lista separada de los contenidos premium que utilizas para conseguir que la gente se suscriba a tu lista.

Espero que esto quede claro, porque lo primero que quieres es hacer sonar la lista, pero debe ser obvio que estás utilizando el contenido premium, ya sea un libro gratuito, un folleto, una hoja de trucos, algún tipo de vídeo pregrabado o cualquier otra cosa, como medio para conseguir que la gente tome una decisión.

Esto es lo esencial. Quieres que el incentivo empuje a la gente a tomar la decisión de unirse a tu lista, pero todo tu contenido original, y tu sitio web por extensión, deben empujar al lector a ver el valor de ser miembro de una lista.

Muchos profesionales del marketing en redes sociales lo echan todo a perder. Piensan que todo consiste en comercializar el incentivo. Pues bien, siguiendo con el ejemplo que he planteado antes, ¿qué ocurre después de conseguir que la gente se suscriba a tu lista a cambio de la guía para invernaderos? Exacto, nada.

¿Por qué? Has exagerado tanto el valor de la guía para invernaderos que la gente no tiene ni idea de qué otro valor obtendría de la lista de correo. De hecho, no te sorprendas si la gente empieza a denunciar tu lista como spam después de que empieces a enviarles actualizaciones.

Estaban tan concentrados en conseguir el libro gratuito que las actualizaciones de tu lista de correo les pillaron completamente por sorpresa. Esto ocurre todo el tiempo debido a un mensaje defectuoso en tu blog o sitio web.

No puedes permitirte jugar así. Has trabajado duro para atraer todo este tráfico de las redes sociales a tu sitio. Dedicaste una enorme cantidad de tiempo, esfuerzo y recursos a construir una marca sólida. Desgraciadamente, si comercializas tu lista de correo de esta manera, estás dejando caer la pelota.

Primero debes vender la lista, pero el incentivo debe utilizarse para empujar a la gente a tomar una decisión. Este es el orden de prioridad adecuado. Cualquier otra cosa fracasará.

Configura tu página de captación para conseguir el máximo atractivo social

Como he mencionado antes, deberías utilizar tu contenido para impulsar tu lista de correo. Deberías utilizar tu contenido para hacer upselling en tu página de captación. Pero esto no significa que puedas

salirte con la tuya con páginas de captación mal diseñadas. Eso no servirá. Tu página de captación debe ser

bien diseñada. Al fin y al cabo, esta página es una página de contratación especializada.

Cuando la gente entre en esta página, tienes que argumentar por qué deberían unirse a tu lista, y no sólo por el incentivo. Aunque el incentivo ocupa una gran parte del espacio de una página de captación, debes dejar claro que la gente se va a apuntar a tu lista.

Dicho esto, tienes que exponer tus argumentos. ¿Por qué debería molestarse la gente con tus actualizaciones? ¿Por qué deberían permanecer en tu lista de correo? ¿Qué tipo de valor obtendrían?

Recuerda que la gente siempre pregunta: "¿Qué gano yo?". Tu página de captación debe responder a esa pregunta con eficacia, claridad y fuerza. Tu página de captación debe estar bien diseñada para poder establecer esa conexión y, al mismo tiempo, debe ser fácil de comercializar en las redes sociales.

Tal vez deberías tener un gráfico en tu página de captación que pueda publicarse fácilmente en Pinterest. Tal vez deberías tener un vídeo en tu página de captación que se pueda compartir fácilmente en YouTube.

Puedes hacerlo de muchas maneras. Lo crucial es que tu página de captación esté preparada para las redes sociales. Al mismo tiempo, también debe hacer un buen trabajo reclutando gente.

Configurar la página de confirmación correcta

Cuando la gente se una a tu lista, dales las gracias y haz que se sientan bienvenidos. También tienes que darles pistas sobre el contenido que deben esperar recibir.

Hazles sentir que han hecho lo correcto. Hazles sentir que han resuelto un problema importante. No sólo

Obtienen acceso al regalo digital que estás regalando, pero también van a recibir información valiosa sobre un tema concreto con el que tienen problemas.

Así es como vendes la lista. Simplemente exagerando y sobrepromocionando la prima no va a ayudarte a convertir el tráfico de las redes sociales en dinero. Eso no va a ocurrir. Tienes que vender la lista. Tienes que generar confianza en la lista.

Capítulo 11 - Desbloquea el poder del contenido reutilizado

Ya lo he descrito en un capítulo anterior, pero este tema es tan importante que merece su propio capítulo independiente.

Cuando creas contenido original para tu blog o sitio web, ya sabes que este contenido tiene algún tipo de tracción en tu nicho. Ya sabes que hay hay una gran demanda de este tipo concreto de contenido.

No sólo basaste tu decisión en las señales sociales del contenido de tu competidor sometido a ingeniería inversa, sino que también estás eligiendo opciones de contenido basadas en tus propias estadísticas. En otras palabras, estás basando tu mejor contenido en material probado y comprobado.

No haces disparos en la oscuridad, no haces conjeturas alocadas, no cruzas los dedos y esperas que algo se pegue.

En cambio, has basado tu decisión en lo que realmente funciona. Enhorabuena. Pero no deberías detenerte ahí. Una vez que te hayas dado cuenta de que ese contenido funciona realmente en función de la cantidad de clics y de *la* participación en las redes sociales que obtiene, el siguiente paso es reutilizar ese contenido. Conviértelos en *otros tipos* de contenido y vuelve a compartirlos en plataformas especializadas en esos tipos de contenido.

Por ejemplo, si la entrada de tu blog está recibiendo muchos retweets y clics, quizá quieras dividir la entrada en preguntas. Esto no es tan difícil, porque si observas cualquier tipo de contenido, consiste en respuestas a preguntas. Puede que las preguntas no sean obvias, puede que no estén formuladas con claridad, pero el contenido pretende responder a ciertas inquietudes. Estas preocupaciones pueden reformularse en preguntas.

Desgrana tu contenido más potente y con mejores resultados en una serie de preguntas. A continuación, enlaza cada pregunta con el artículo o entrada de blog que la responda. Twittéalas y emparéjalas con hashtags específicos de tu nicho.

Utilizando herramientas de automatización, puedes rotar diferentes preguntas que esencialmente promocionan la misma pieza de contenido. Como estás rotando hashtags, hay muchas posibilidades de que diferentes personas que buscan diferentes segmentos de tu nicho se den cuenta de tu tweet y posiblemente hagan clic en él.

Otra cosa que puedes hacer es convertir tus artículos en presentaciones de diapositivas. Cada artículo trae a la mente muchas imágenes mentales diferentes. Piensa en imágenes diferentes para cada uno de los temas planteados en tu artículo y crea una sencilla presentación de diapositivas utilizando PowerPoint. Comparte estas presentaciones de PowerPoint en Slideshare. También puedes utilizar otras herramientas para crear un vídeo a partir de tus presentaciones. Una vez que hayas creado estos vídeos, obviamente puedes compartirlos en YouTube.

También puedes analizar los temas que planteaste en tu entrada de blog y convertirlos en infografías. Las infografías son esencialmente formas gráficas simplificadas de artículos o entradas de blog. Se centran en los puntos más importantes que planteaste y los hacen más fáciles de entender para el espectador convirtiéndolos en imágenes. Comparte estas infografías en Pinterest.

Por último, debes asegurarte de que todas las entradas o artículos de tu blog tengan una bonita imagen de cabecera. De este modo, cuando cargues el enlace en Facebook, aparecerá una bonita vista previa. Atrae las miradas y la gente se anima a compartir el contenido.

En Facebook, tienes una amplia gama de formatos de contenido para elegir. Puedes compartir enlaces, vídeos, infografías, fotos, diagramas e incluso archivos de audio. Después de compartir materiales en tu página de Facebook, debes obtener el enlace a esa publicación y luego compartir ese enlace de la página de Facebook en los grupos de Facebook que atienden a tu nicho o a un nicho relacionado.

Así es como desbloqueas el poder del contenido reutilizado. Si juegas de esta manera, pasarás menos tiempo creando contenidos y más tiempo promocionándolos. La promoción es el nombre del juego. Puedes tener un gran contenido, pero no te servirá de mucho si la gente ni siquiera sabe que existe. Por cada hora que dediques a crear contenido, deberías dedicar 10 horas a promocionarlo.

Así es como construyes una lista de correo de éxito. Así es como se crea una marca sólida en las redes sociales. Empieza con un contenido potente, pero crea diferentes versiones y difúndelo en muchas plataformas de redes sociales distintas.

Capítulo 12 - Utilizar la compartición automática de contenidos

Antes de entrar en la automatización de la compartición de contenidos, quiero destacar otra razón importante por la que deberías reutilizar tus contenidos. Si los miembros de tu audiencia siguen viendo que hablas de lo mismo una y otra vez, lo más probable es que

perderlos.

La gente quiere oír cosas nuevas. La gente quiere que explores otras necesidades suyas relacionadas. No quieren que sigas reciclando el mismo material una y otra vez. Por desgracia, ése es precisamente el tipo de riesgo que corres si te limitas a dar a la gente más de lo mismo y con éxito.

Sabes que un determinado tema de contenido funciona. Sabes que consigue mucha participación. Sabes que atrae muchos clics. Es perfectamente natural que quieras seguir reciclando ese mismo tema. No lo hagas.

Céntrate en la mejor forma de presentar ese tema y cíñete a ella. Hazlo unas cuantas veces, pero céntrate más en la reutilización. De este modo, cuando la gente entre en contacto con tu contenido, verá que estás hablando de algo que les atrae, pero en formatos diferentes. Es más probable que presten atención. Es más probable que hagan clic. Es más probable que compartan.

Tenlo en cuenta a la hora de reutilizar. No pienses que el capítulo 11 es completamente opcional. No lo es. Quieres que tus feeds en las redes sociales consistan en contenido de gran éxito en la medida de lo posible.

Sería una verdadera lástima que descubrieras lo que funciona, sólo para que te volvieras perezoso y te centraras únicamente en el contenido de texto. Siento decirlo, pero el contenido de texto sólo puede llevarte hasta cierto punto. Lo que me lleva a la automatización del intercambio de contenidos. Dado que vas a compartir mucho contenido, y que gran parte de este contenido es de terceros, así como contenido original y reutilizado, probablemente vas a tener las manos llenas si decides hacerlo manualmente.

En primer lugar, como vas a cubrir muchas plataformas diferentes y a compartir distintos formatos en esas plataformas, tienes un montón de formularios que *rellenar* una y otra vez. Claro, puede que hayas creado una cuenta una vez para cada una de esas plataformas, pero el envío a esos lugares requiere que rellenes formularios. Publicar en Facebook implica rellenar formularios.

Ahora bien, si realmente no tienes mucho contenido que compartir, esto debería ser apenas manejable. Pero si buscas maximizar tu visibilidad publicando en tus cuentas de redes sociales varias veces al día, necesitas automatizar.

Por desgracia, limitarse a introducir información en las herramientas de publicación de contenidos no te va a servir de mucho. Tienes que saber cuándo publicar.

Lo creas o no, la inmensa mayoría de los miembros de tu público objetivo comprueban sus cuentas de Facebook, Twitter, Pinterest y YouTube dentro de un determinado bloque de tiempo cada día. Publica fuera de ese intervalo de tiempo y perderás de vista a la inmensa mayoría de los miembros de tu audiencia.

Hasta aquí suena bien, ¿verdad? Bueno, aquí está el problema: públicos diferentes tienen preferencias horarias diferentes. ¿Cómo puedes saberlo? Aquí es donde entra en juego la experimentación.

En primer lugar, tendrás que compartir tu contenido aleatoriamente en diferentes momentos del día. En la medida de lo posible, comparte contenido cada hora. Configura tus herramientas de automatización de contenidos para que publiquen cada hora. Deja que esto funcione durante una o dos semanas.

Una vez finalizado el periodo experimental, comprueba tus estadísticas. Facebook Insights, por ejemplo, te dirá cuándo la mayoría de los fans de tu página consultaron tu contenido. Armado con esta información, deberías configurar tu software automatizado para publicar tu contenido en un grupo que se ajuste a esos momentos óptimos.

Por ejemplo, en la fase experimental, estás publicando un contenido cada hora. Eso son 24 piezas de contenido repartidas a lo largo de 24 horas completas. Después de comprobar Facebook Insight, resulta que el 80% de las visualizaciones de tu contenido tienen lugar en realidad entre las 8:00 y las 17:00. Entonces tomas esas 24 publicaciones y las comprimes dentro de esa ventana de 8:00 a 17:00.

Así es como se publica en grupos. Olvídate de los bloques de tiempo fuera de ese marco temporal.

De este modo, maximizarás las posibilidades de que los ojos adecuados vean tu contenido.

Notas especiales para Twitter

Si vas a publicar en Twitter, vuelve a publicar tu contenido muchas veces a lo largo del día en el horario más óptimo. Facebook Insight ya te ha dicho que tu contenido se ve en un intervalo de tiempo concreto. Lo más probable es que tus seguidores de Twitter tengan la misma

hábitos de visualización de los medios sociales. Cíñete a ese marco temporal.

He aquí el secreto. Configura tus herramientas automatizadas de publicación de contenidos para tuitear tu mejor contenido muchas veces durante ese periodo de tiempo, pero también tienes que rotar diferentes hashtags. De esta forma, puedes llegar a distintas personas que buscan hashtags relacionados con distintos subsegmentos de tu nicho.

Notas especiales para Facebook

Cuando publiques en tu página de Facebook, no dudes en publicar contenido original que ya hayas publicado antes. Intenta evitar publicar una sola vez. En su lugar, debes intercalar o programar este contenido de éxito republicado entre las altas contenido curado y de calidad.

De esta forma, la gente se expone más a tus mejores contenidos. Una vez que hagan clic, tendrás otra oportunidad de incluirlos en tu lista de correo.

Recuerda, cuando compartes contenido de terceros de alta calidad, no estás consiguiendo tráfico. Estás creando credibilidad, pero no estás consiguiendo que miembros potenciales de la lista lleguen a tu página de captación. Eso simplemente no ocurre. Cuando compartes tu propio contenido original, tienes la oportunidad de reclutarlos para tu página de captación.

Ten en cuenta esta distinción. Esta es la razón por la que debes volver a publicar tu contenido de más éxito intercalándolo con contenido curado de primera categoría.

Capítulo 13 - Amplía tu segmentación

Cuando publicas en Facebook y Twitter, puedes utilizar hashtags. Esto es definitivamente cierto con Instagram. Independientemente de la plataforma en la que estés, asegúrate de jugar con la forma de categorizar o etiquetar tu contenido.

En cualquier nicho, hay muchas etiquetas diferentes disponibles. Experimenta con ellas. Comprueba qué etiquetas atraen más la atención de la plataforma de redes sociales en la que compartes un contenido.

Por supuesto, no vas a encontrar la combinación mágica de hashtags de la noche a la mañana. Eso no va a ocurrir. Esta es una de esas cosas que vas a tener que descubrir haciéndolo durante un largo periodo de tiempo.

Aun así, cuando realices estos experimentos, debería surgir un patrón. Tarde o temprano, descubrirás que ciertos hashtags producen muchos más resultados que otros. Atraen muchas más miradas. Consiguen mucha más atención. Y lo que es más importante, consiguen mucha más participación. Quédate con ellos.

Experimenta etiquetando a influencers de un nicho específico

Cuando investigues sobre hashtags en Twitter, por ejemplo, podrás encontrar influencers especializados en esos hashtags. A estas personas les encanta publicar contenido relacionado con determinados temas. Utilizan una estrecha gama de hashtags cada vez que

que publican. Parece que sólo se centran en eso.

Encuentra a esas personas. Mira su contenido. ¿Les retuitean mucho? ¿Reciben mucho amor por su contenido? ¿Reciben mucha participación? ¿La gente responde a través de Twitter? Debería ser bastante fácil ver qué cuentas son influyentes en tu nicho y cuáles no. No te centres sólo en el número de seguidores que tienen. En lugar de eso, fíjate en la cantidad total de engagement que consiguen, y también presta atención a la proporción de seguidores que tienen respecto al número de cuentas que siguen.

Por ejemplo, si Mike Smith me parece un gran cartel en mi nicho porque parece que va rotando entre los diez hashtags más relevantes para mi nicho, miro sus seguidores en relación con el número de cuentas que sigue. Si sólo sigue a una persona, pero le siguen 15.000 personas, Mike Smith podría ser una persona influyente. Digo que podría serlo porque también tendré que fijarme en los niveles de participación de sus publicaciones. ¿Reciben sus publicaciones muchos retweets? ¿Mucha gente responde? ¿Mucha gente hace clic en el icono del corazón? Si su contenido presenta estos factores, probablemente merezca la pena seguir su cuenta.

Lo más importante es que etiquetes a personas influyentes en Twitter cuando publiques. Utiliza tus hashtags más potentes y menciónalos en tu publicación. Esto puede ayudarte a entrar en su radar. Estas personas se darían cuenta de que también compartes contenido similar al que les interesa. Si echan un vistazo a tu material y les gusta lo que ven, no te sorprendas si comparten tu contenido con sus seguidores. Interactúa con ellos. Hazles llegar tus preguntas o sugerencias.

De hecho, deberías comprometerte tanto con ellos que posiblemente puedas crear una relación en la que publicarían tus artículos como invitado si son blogueros, o hablarían de lo que sea que estés haciendo en sus plataformas de redes sociales.

Como mínimo, cuando te asocias con ellos, pasan a formar parte de tu red de distribución de contenidos. De hecho, muchos de ellos pueden incluso conseguir que te entrevisten en blogs influyentes de tu nicho.

No pienses que la participación de los influencers se limita a etiquetar a las personas. Eso es sólo el principio. En realidad, es la punta del iceberg. Pueden hacer mucho más por ti. Sólo tienes que involucrarlos continuamente y ser social.

Esto no significa que tengas que besarles el culo. Esto no significa que tu respuesta habitual a todas sus publicaciones sea: "Increíble publicación" o "Gran publicación. Me encanta". Eso no va a funcionar.

Eso no empujará la pelota lo suficientemente lejos. Tienes que comprometerte de verdad. Y a menudo, esto puede parecer que les estás criticando. Puede parecer que ofreces un punto de vista negativo, pero necesitas llamar su atención. Tienes que demostrar que sabes de lo que hablas y que eres creíble en el mismo nicho.

Así es como consigues que te tomen en serio. Ese es el tipo de compromiso que genera respeto. De lo contrario, sólo parecerás un miembro más del coro. En realidad, no tienen ningún incentivo para entrevistarte o publicar tu contenido como invitado. ¿Por qué habrían de hacerlo? Realmente no estás compartiendo ninguna información ni sugiriendo ningún punto de vista que *sea* diferente o distintivo.

Experimenta con el tráfico de pago

Sólo después de haber dedicado mucho tiempo a conseguir tráfico gratuito a través del marketing en redes sociales deberías pensar en comprar tráfico. Sé que esto suena un poco extremo, pero es
la verdad absoluta. ¿Por qué? Bueno, al principio, no sabes cuándo leerán tu contenido los miembros de tu público objetivo. Al principio, no sabes cómo es su desglose demográfico.

¿Cuántos hombres y cuántas mujeres forman parte de tu audiencia? ¿A los hombres o a las mujeres les gustan determinados tipos de contenidos que compartes? ¿Cuáles son sus rangos de edad? ¿Dónde se encuentran?

Espero que veas el panorama general. Tienes que utilizar el tráfico gratuito para hacer inteligencia de audiencia inicial. Una vez que hayas obtenido todos estos datos importantes, podrás empezar a pagar por los anuncios de Facebook y de otras plataformas.

Si empiezas antes de este punto, probablemente acabarás malgastando tu dinero. Estudia primero tus estadísticas. Presta mucha atención a los patrones de audiencia. Elimina anuncios basándote en estos patrones.

Capítulo 14: Vende a tu lista de forma diferente

Llegados a este punto, has convertido el tráfico de las redes sociales en miembros de tu lista. Felicítate. Has conseguido hacer algo que la inmensa mayoría de los profesionales del marketing en redes sociales no pueden hacer o, peor aún, ni siquiera piensan en hacer. Es todo un logro.

Por desgracia, incluso en este punto, sigue siendo demasiado fácil dejar caer la pelota. De hecho, mucha gente que tiene listas de correo se queda con una lista de correo. Piensan que mientras las personas que visitan sus blogs se suscriban a su lista de correo, están bien. Bueno, a cierto nivel, tienen razón. Un cierto porcentaje de los miembros de esa lista comprará productos de afiliados que promocionas en tu lista. Una cierta fracción de tu lista de correo comprará tus productos originales. Algunos incluso visitarán tu tienda online y comprarán productos.

Pero el problema aquí es que si aceptas este escenario, te estás conformando con céntimos de euro. Realmente lo estás haciendo. ¿No quieres maximizar el valor de todo el trabajo duro, la concentración y la energía que has invertido en tu empresa? ¿No querrías maximizar el rendimiento de tu esfuerzo? Si quieres obtener los máximos resultados de tu lista de correo, tienes que venderla de otra manera. Realmente no hay dos maneras de hacerlo. Cualquier otro enfoque conduciría, en el mejor de los casos, a resultados mediocres o, en el peor, a ningún resultado. Ten en cuenta los siguientes consejos.

Utiliza contenidos diferentes en tu lista

Cuando la gente se une a tu lista de correo, lo más probable es que lo haya hecho porque ha estado expuesta a alguno de tus contenidos. Ya saben de qué hablas. Ya están familiarizados con la calidad de tu contenido. Entienden los temas en los que te centras

en. Por eso no tiene sentido que incluyas exactamente el mismo contenido en tu lista.

Claro, puedes hacer algunos cambios -puedes cambiar el título, incluso puedes cambiar cosas-, pero la gente no es tonta. Se dan cuenta. Se dan cuenta de que estás reciclando contenidos y dándoles cosas que probablemente ya han visto antes.

¿Crees que este tipo de práctica genera confianza? ¿Crees que haciendo las cosas de esta manera se genera confianza? Por supuesto que no. Tienes que utilizar contenidos diferentes.

¿Qué tipo de contenido tendrás que utilizar? En primer lugar, ya sabes cuáles son tus contenidos más populares. Empieza por éstos.

No, no hablo de volver a publicarlos. Hablo de analizarlos y ver dónde están las lagunas. ¿Hay preguntas que hayan quedado sin respuesta? ¿Hay preguntas que hayan surgido de las respuestas que diste en esos contenidos populares? Esto debería bastar para poner en marcha tu mente en cuanto al tipo de contenido afinado y de alto valor que vas a compartir en tu lista.

Recuerda que tus actualizaciones son la recompensa final para los miembros de tu lista. Claro, puede que hayas posicionado tu página de captación para recompensar a los suscriptores con una prima, pero una vez que han descargado esa prima, realmente no tienen ningún otro incentivo para seguir leyendo tus correos electrónicos. ¿Ves cómo funciona?

Así que hazte un gran favor y asegúrate de que el contenido actualizado que envías es la recompensa. Así conseguirás que la gente abra tus correos y lea tus materiales una y otra vez. Recompénsales por estar en tu lista.

No bajes la guardia, no te lo tomes con calma, no cedas a la pereza. Este es tu momento de levantarte y brillar. Todo lo demás que ha ocurrido antes de esto no ha sido más que un ensayo general. Ahora es el momento. Aquí es donde la goma se encuentra con la carretera. Y más te vale actuar.

Utiliza Contenido Premium

Si realmente quieres dar en el clavo con tu lista de correo, envía actualizaciones que destaquen realmente la originalidad del contenido. ¿Cómo puedes hacerlo? Utiliza pruebas sociales o casos prácticos. Se trata de testimonios de personas que han seguido tus consejos o que han experimentado determinadas cosas que tú hablar de.

Cuando la gente lee estas historias, no puede evitar comprometerse. No pueden evitar ser absorbidos por la narración. Estas personas que comparten sus testimonios son seres humanos de carne y hueso con problemas reales con los que tus lectores pueden identificarse. Ese es el tipo de contenido convincente que llevará a tu lista a otro nivel.

¿Por qué? La mayoría de tus competidores se limitan a reciclar su material. Claro que reciclan su mejor material porque está probado y comprobado, pero no se distinguen realmente. No le hacen ningún favor a su marca tomando el camino más fácil.

Tienes que comprometerte a hacer las cosas de forma diferente. Así es como fidelizas tu contenido. Recuerda, cuando gestionas una lista de correo, tu contenido se compone de los correos electrónicos que envías. Ni más ni menos.

Upsell, Upsell, Upsell

No me canso de repetir la palabra "upsell". Si quieres que tu lista gane dinero, tienes que hacer upsell. Ahora bien, no tienes que ser un héroe. No tienes que exagerar. No tienes que parecer una especie de súper vendedor.

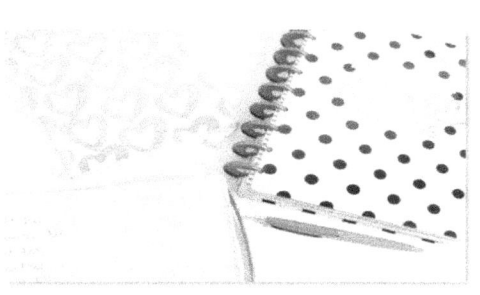

Si eres como la mayoría de la gente, sabes que lo molestos que son los vendedores insistentes. Probablemente les rechaces. Probablemente los ignorarás y te darás de baja. No puedo culparte. Así es como responde la mayoría de la gente normal a los vendedores insistentes.

Por upsell, sólo te estoy diciendo que envíes contenido que destaque un problema y una solución. Eso es todo lo que es el upselling. Le recuerdas a la gente su gama de problemas y le recuerdas ciertas soluciones para ellos.

Ahora bien, por supuesto, como con la mayoría de las cosas de la vida, hay soluciones buenas y otras aún mejores. Tu trabajo consiste en enviar actualizaciones por correo electrónico que animen a la gente a encontrar una solución y en exponer las soluciones comunes que son buenas, pero no son las mejores.

Lo que haces aquí es llamar su atención sobre la mejor solución a sus problemas. Por ejemplo, si diriges una lista de correo de marketing en redes sociales, puedes decirle a la gente que crear citas con imágenes y vídeos a partir de imágenes es una gran solución a sus necesidades de contenido original.

Pero una solución aún mejor sería automatizar estos materiales en los que la gente sólo tiene que hacer clic en las imágenes y de repente se crea un vídeo. Se ahorraría una enorme cantidad de tiempo, esfuerzo y energía y, lo que es más importante, el vídeo creado se subiría automáticamente a sus cuentas en las redes sociales.

Ese es el tipo de distinción entre soluciones "suficientemente buenas" y soluciones "obviamente superiores". Así es como vendes más a la gente de tu lista. Sigues aportando valor, sigues respondiendo a sus preguntas, sigues abordando sus necesidades, pero presentas una gama de opciones.

Pueden intentar hacer las cosas por su cuenta o intentar hacer las cosas de la forma en que la mayoría de la gente aborda el problema, o pueden intentar otra cosa. Cuando miran ese "algo más", es cuando vendes tu producto afiliado, tu producto original o tu servicio. Independientemente de cómo lo hagas, necesitas hacer upsell, upsell, upsell.

Ojalá pudiera decirte que esto es fácil. Ojalá pudiera decirte que se trata de una simple cuestión de exponer algunas alternativas y, a continuación, presentar la mejor solución. La mejor solución, por supuesto, te paga una comisión y ganas dinero con cada venta.

Por desgracia, no es tan fácil ni tan sencillo. He aquí la razón. Cuando las personas se unen a tu lista de correo, en realidad tienen diferentes motivaciones. Algunas personas están ahí porque sólo quieren conseguir el obsequio, pero les da pereza darse de baja.

Realmente no puedes deshacerte de estas personas. Estas personas no abren tus correos electrónicos. No se molestan en leer tus correos. Realmente no te hacen mucho bien. De hecho, pueden perjudicarte porque si hay suficientes de estos ocupantes ilegales en tu lista, tu proveedor de listas de correo te cobrará más dinero al final de cada mes.

Tienes que filtrar activamente tu lista en función de las tasas de apertura para poder deshacerte de estos individuos. De nuevo, no puedes eliminarlos por completo, pero puedes minimizar su número.

Otras personas están inicialmente entusiasmadas con tu lista de correo, pero por alguna razón, han dejado de leer tus correos electrónicos. Incluso otras personas revisan constantemente tus correos electrónicos, y realmente les encanta lo que tienes que compartir, pero el problema es que consideran que tus ofertas premium son simplemente demasiado caras.

Déjame que te cuente un secreto. Cuando alguien te dice que lo que ofreces es "demasiado caro" o "demasiado inasequible", lo que en realidad está intentando decir es que aún no se lo has vendido del todo.

Otra posibilidad es que aún no los hayas filtrado del todo. O no están suficientemente motivados o no les has dado suficientes razones para estarlo. En cualquier caso, siguen en la barrera. Tienes que empujarles a salir de la valla.

Los vendedores expertos lo saben porque, en el gran esquema de las cosas, no existe lo "inasequible".

Si hablas con alguien y convences a esa persona de que necesita absolutamente comprar tu producto, en realidad no hay diferencia entre un producto de 10 $ y uno de 1.000 $. Comprará ese producto porque has elevado su percepción del mismo al ámbito de la necesidad.

La gente se ocupa primero de sus necesidades. Sus deseos suelen quedar en un segundo plano. Espero que lo entiendas. Espero que lo entiendas. No es porque tu producto afiliado sea demasiado caro en términos absolutos. Más bien se debe a que no has conseguido cualificar al cliente potencial o exponer tus argumentos.

Y ésta es la razón por la que el simple upselling por sí mismo no va a funcionar. Tienes que dar el siguiente paso, que voy a describir a continuación.

Utiliza el método de filtración de la lista de 1 dólar

Tienes que filtrar a los miembros de tu lista en dos grupos: personas interesadas y personas interesadas que compran. Se trata de dos grupos de personas totalmente diferentes.

Ahora bien, entiende que el hecho de que la gente abra religiosamente tus correos electrónicos no significa necesariamente que
que te comprarían. Como he dicho antes, quizá no presentaste bien tu caso. Quizá no los calificaste adecuadamente.

Esta técnica de filtración de listas de 1$ que te voy a enseñar te permite filtrar adecuadamente a los miembros de tu lista. Lo que harás es que, en lugar de intentar vender a la gente a 19,95 $, 34,95 $, 349,50 $ o cualquier otro producto de precio similar, todo lo que vayas a vender en tu lista general tendrá un precio de 1 $. Ni más, ni menos.

Por lista general, me refiero a la lista en la que entran todas las personas que se inscriben en tu lista de correo. Es tu lista por defecto. Quiero que trates esta lista general como tu lista inicial. Es algo así como la gran masa genérica, sin filtrar, de personas interesadas en tu marca.

Cuando haces upselling a la gente utilizando ofertas de 1$, permites que la gente se segregue en función de sus motivaciones. Se trata de personas que están lo suficientemente motivadas como para gastar 1 $. En otras palabras, ven el valor de tu contenido y están dispuestas a poner su dinero donde está su boca.

He aquí el secreto. Realmente hay muy poca distancia entre pagar 1 $ por algo y pagar 100 $ por algo. Esta es una lección que aprendí de primera mano.

Cuando probé esto por primera vez, pensé que los únicos que entrarían en mi lista de dólares serían los tacaños. Son avaros. En el fondo de mi mente, pensaba que simplemente no comprarían artículos caros. Y vaya si me equivoqué.

Si alguien es capaz de superar psicológicamente la distancia entre cero y un dólar, puede, con suficiente exposición y suficiente contenido, superar la diferencia entre un dólar y 100 dólares. Esto no es teoría ni especulación. Lo veo todo el tiempo con mis propios ojos.

Tu trabajo consiste en filtrar tu lista general. Básicamente le estás diciendo a la gente, cuando lanzas estas ofertas de 1$, que te demuestren si sólo están interesados o si están realmente interesados. Se trata de un mecanismo de autosegregación. Utilízalo.

Las personas que se inscriben en tu lista general están interesadas en contenidos de calidad. Para eso están ahí. Pero sólo una fracción de ellos estaría realmente dispuesta a pagar dinero. Tú ganas dinero con esta "fracción de oro". Utilizas tu lista de compradores para ganar dinero de verdad.

De nuevo, tienes que vender a tu lista de forma diferente. Esto también se aplica a tus dos tipos de listas de correo. Tu lista general, obtiene información de calidad que es distintiva, como pruebas sociales y estudios de casos, junto con mensajes de upsell. Tu lista de compradores, por otro lado, recibe material más profundo con upsells de mayor valor.

De nuevo, si alguien está dispuesto a pasar de cero a 1 $, tienes una oportunidad tremenda de conseguir que esa persona pase de 1 $ a 100 $, 1.000 $ o la cantidad que quieras. Ahora bien, ten en cuenta que cuanto mayor sea el valor en dólares, menor será la tasa de conversión, pero entiendes lo que quiero decir.

Tienes que conseguir que la gente se segregue en función de su disposición, voluntad y ansia de comprar. Y como 1 $ es esencialmente "sin fricción", este método de filtración de listas funciona a las mil maravillas.

Capítulo 15 - Reinvierte tus beneficios de la forma correcta

Llegados a este punto, el método de filtración de 1$ te ha permitido ganar una buena cantidad de dinero cada mes con el tráfico de las redes sociales. El siguiente paso es crear un negocio.

Llegados a este punto, puede que sientas que sólo te dedicas a un pasatiempo. Es un hobby bien pagado, pero un hobby al fin y al cabo. Esto también puede ser una trampa. Esto puede frenarte del gran éxito que de otro modo podrías conseguir con el tráfico de las redes sociales.

¿Cómo conviertes la información que he compartido contigo en una plataforma para un negocio que resista la prueba del tiempo? Sencillo: reinvierte tus beneficios de la forma correcta.

Muévete a otros nichos después de dominar tu sistema

Esta formación te ayuda a identificar tu nicho objetivo. También te he dado las técnicas para hacerlo bien en ese nicho utilizando el tráfico de las redes sociales. Una vez que hayas ganado bastante dinero en tu nicho y este dinero llegue mes tras mes, tienes que pensar a lo grande. Tienes que buscar otros nichos relacionados con tu nicho actual.

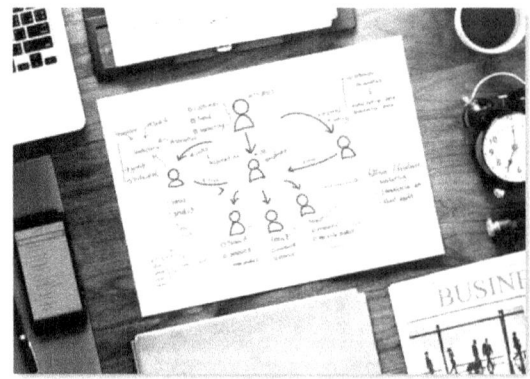

En realidad, este pensamiento es bastante sencillo. Si ya dominas tu nicho hasta el punto de obtener ingresos automáticos mes tras mes, entonces puedes aplicar el mismo sistema a otros nichos estrechamente relacionados con el tuyo.

Así es como escalas tu negocio. En lugar de un único flujo de dinero, construyes muchos flujos de dinero diferentes basados en el sistema que dominas.

Sabes a qué hashtags dirigirte, sabes qué tipo de contenido atrae miradas, sabes cómo presentar la información en las redes sociales, sabes cómo promocionar una lista de correo. Éstos y muchos otros forman parte de tu sistema. Realmente sería una pena restringir ese sistema a un solo nicho.

Una vez que los domines, busca nichos relacionados con ellos y crece en estos otros campos. Los vendedores de listas de gran éxito no sólo manejan una lista. Gestionan docenas. Y esto se traduce en ingresos de seis, si no siete cifras, año tras año. Si ellos pueden hacerlo, tú también.

Compra más tráfico dirigido después de averiguar qué funciona

Una vez que hayas descubierto el tipo de estrategia de marketing de contenidos en Facebook que funciona, puedes comprar tráfico dirigido. ¿Cómo? Utiliza la tecnología de parecidos de Facebook para dirigirte a personas que compartan el mismo perfil de intereses que tu audiencia actual.

Esto es lo asombroso de Facebook. También es lo que les mete en todo tipo de problemas.

Lo creas o no, lo aceptes o no, Facebook te espía desde el momento en que te conectas a la plataforma. Se fija en lo que te gusta, se fija en lo que comentas, se fija en lo que les gusta a tus amigos y hace todo tipo de predicciones sobre tu comportamiento y tus intereses. Así, si te gustan determinados temas, crea un perfil de intereses.

La tecnología de público similar de Facebook te permite encontrar personas que no han visitado tu página de Facebook pero que comparten el mismo perfil de intereses que tus fans actuales. Hablando de una tecnología increíble. Aprovéchala. Te permite mostrar tu marca ante ojos que tienen más probabilidades de apreciarla.

Invierte en más contenido original

Puede que quieras invertir en contenido original. Si ya estás obteniendo un beneficio decente con tu sistema actual, puede que quieras llevar las cosas al siguiente nivel y añadir mucho más valor a las vidas de las personas que siguen tu marca en diferentes plataformas de medios sociales, así como en

tu blog o sitio web con contenido original.

Ahora bien, esto no significa que tengas que arremangarte y escribirlo todo tú mismo. Puedes contratar a redactores profesionales para que lo hagan. Gracias a la externalización global, puedes obtener contenido original de alta calidad de lugares como ozki.org sin que te cueste un ojo de la cara. Puedes conseguir contenido de alta calidad que realmente enganche a tu público sin que acabe con tu margen de beneficios.

Invierte en más actualizaciones de contenido

Este consejo se deriva realmente del punto anterior que he planteado. Si vas a invertir en más contenido original, automáticamente estarás invirtiendo en más actualizaciones de contenido. Tendrás mucho más material original para compartir.

Estas dos acciones van juntas. En cualquier caso, tienes que dar un paso adelante en cuanto a la actualización de contenidos para que puedas aportar mucho más valor.

Invierte en tus productos originales

Cuando estás empezando a configurar este sistema que te enseño en este entrenamiento, probablemente te centrarías en los productos de afiliados. Consigues un afiliado de un programa de afiliados, comercializas ese enlace en tus actualizaciones de correo electrónico. Cuando alguien hace clic en ese enlace y  compra algo, tú recibes una comisión. Bastante sencillo, muy simple.

Bueno, si realmente quieres ganar mucho dinero, tienes que darle la espalda al marketing de afiliación. De verdad. En su lugar, tienes que vender tus propias cosas. La razón por la que necesitas hacer esto se reduce realmente al control. Cuando vendes materiales de otras personas, estás a merced de su página de captación, de su página de destino y, en última instancia, de la calidad de su producto.

¿Y si su producto es un asco? ¿Y si su página de ventas sólo convierte a una fracción de las personas a las que podría haber convertido? Tú sales perdiendo. Esto es lo esencial. Si quieres maximizar el control sobre tus ingresos, tienes que invertir en tus propios productos originales.

Afortunadamente, la subcontratación siempre está a tu disposición. Puedes subcontratar a empresas profesionales como ozki.org y otros productores de contenidos especializados para que te ayuden a producir materiales originales de alta calidad por céntimos de dólar.

Vende tus propios cursos de afiliación basados en vídeo

El principal problema de la venta de productos en línea es que, en general, vendes el artículo una vez. Alguien pulsa el botón "comprar", paga, accede al enlace de descarga y ahí se acaba la historia. Ya tienen el producto. Pueden disfrutarlo, pueden tirarlo lejos, pueden hacer lo que quieran con él.

Pero la transacción sólo tuvo lugar una vez. ¿No sería genial que la gente siguiera enviándote dinero cada mes? ¿No sería estupendo que obtuvieras ingresos recurrentes? Pues eso es exactamente lo que puedes disfrutar cuando vendas tus propios cursos de afiliación basados en vídeo.

Por ejemplo, si tienes un blog de jardinería, puedes crear un curso en vídeo en el que enseñes a la gente los entresijos del cultivo de jardines. Cada mes, a la cuenta PayPal o a la cuenta de la tarjeta de crédito de cada miembro se le factura una cantidad determinada. No tienes que mover un dedo. Y así mes tras mes hasta que se den de baja.

¿Y lo mejor? Grabaste los vídeos una vez, pero ganas dinero con ellos mes tras mes. ¿No es increíble? Esto se llama ingresos pasivos.

Y lo mejor de esto es que no tienes que ceñirte al vídeo. Puede ser cualquier tipo de afiliación. Tal vez puedas darles acceso a imágenes. Tal vez puedas darles acceso a archivos o incluso a software, no importa.

Lo que están pagando es el derecho a descargar ese material mes tras mes. Ésta es la clave. Los ingresos recurrentes deben ser tu objetivo final. Así es como maximizas tu esfuerzo. Trabajas menos y obtienes más dinero del sistema.

Por desgracia, esto no es algo que puedas dominar nada más salir de la puerta. Tampoco se consigue de la noche a la mañana. Primero tienes que pagar tus deudas realizando los otros pasos anteriores.

Conclusión

El marketing en redes sociales confunde a mucha gente. Definitivamente conduce a muchos callejones sin salida si te dejas llevar por sus mitos. Esta formación arroja luz sobre una forma eficaz de utilizar la exposición a las redes sociales para convertir el alcance de las redes sociales en dinero frío y duro en tu cuenta bancaria.

Aunque no pretendo que estos pasos sean fáciles, son factibles. Sólo tienes que seguir las instrucciones, realizar experimentos y centrarte en lo que funciona.

La clave aquí es utilizar esta información para adaptarla a tus circunstancias particulares y dar pasos prácticos y procesables que puedas utilizar para obtener unos ingresos realmente pasivos. No des un paso adelante hasta que hayas dominado el paso anterior. Ahora que tienes toda la información que necesitas para tener éxito, comprende que nada de esto te hará rico si dejas que se quede en tu cabeza. Ni en un millón de años. Tienes que pasar a la acción. Tienes que conseguir ese sentido de urgencia que necesitas para hacer realidad esta información. Cuanto más tiempo permanezca en tu cabeza, menos probable será que cambien tus finanzas.

Ponte una fecha límite. Comprométete con una fecha de inicio firme. Cuando llegue esa fecha, empieza. No tienes que ser un héroe, no tienes que hacer un home run la primera vez que te acerques al plato. Mientras des un pequeño paso adelante, con eso basta.

¿Por qué? Un pequeño paso adelante sigue siendo un paso adelante. Tienes que seguir haciéndolo. Tienes que dar un paso tras otro. No importa de qué lado de la cama te hayas levantado, no importa lo que sientas, nada de eso importa. Lo que importa es que sigas el plan.

Si eres capaz de comprometerte y centrarte, lo conseguirás. Sólo te deseo el mayor de los éxitos. Gracias por ver esta formación.

www.ingramcontent.com/pod-product-compliance
Lightning Source LLC
Chambersburg PA
CBHW071105240526
45469CB00006BD/2332